# La Révolution française

Jean-Marc Schiappa

# La Révolution française

1789-1799

*Librio*

*Inédit*

Cartographe : Carl Voyer

# Sommaire

Les mots et les expressions en caractères gras suivis d'un astérisque sont expliqués dans le lexique en fin d'ouvrage.

# 1

## Crise de l'Ancien Régime
## et fondation d'une société nouvelle

Au début de 1789, en France, tout le monde est mécontent. Si les raisons de ce mécontentement sont variées et différenciées, il est unanime et profond.

Depuis Louis XIV, la forme de la monarchie française est la monarchie absolue. Elle est résumée par la célèbre formule « L'État, c'est moi. » Après l'écrasement de la révolte nobiliaire de la Fronde et le début de son règne personnel (1661), Louis XIV supprime le poste de Premier ministre, celui de surintendant général des Finances et celui de connétable. Les ministres ne se réunissent jamais ensemble et les **parlements**, conseillers juridiques du roi, voient leur rôle diminuer. Les États généraux qui conseillent le roi n'ont pas été réunis depuis 1614. À quoi bon des intermédiaires puisque tout procède du roi et tout revient au roi ? Les seules limites – bien faibles – sont ce qu'on appelle « **les lois fondamentales du royaume\*** », c'est-à-dire la loi salique qui impose le fils aîné comme roi (ou, à défaut, le premier mâle dans la descendance) ainsi que l'obéissance au catholicisme, ce qui n'exclut pas les conflits entre la monarchie et la papauté. Le demi-siècle de règne personnel de Louis XIV installe ces pratiques qui sont toujours en activité mais avec des personnages d'une autre trempe que le Roi Soleil : à la mort de celui-ci, le Régent est plus préoccupé de festoyer que de gouverner ; puis, le roi Louis XV commence son règne en étant surnommé « le bien-aimé » et on doit l'enterrer en secret au terme d'un règne ruineux.

Louis XVI est au pouvoir depuis 1774, à vingt ans. En 1789, il ne semble pas être à la hauteur, son règne est contesté et sa personne critiquée. Mais on s'en accommode, parce qu'il n'y a pas et il ne peut y avoir de solution de rechange en **monarchie absolue**\*. Voilà le drame : les formes politiques n'ont pas changé depuis 1661 alors que tout le reste a changé.

Tout commence par l'économie. La France d'alors se caractérise par la présence contradictoire d'éléments capitalistes en expansion dans un pays essentiellement agricole et aux structures féodales, c'est-à-dire de dépendances envers un seigneur propriétaire foncier. De nombreux paysans sont attachés aux terres des seigneurs et cet attachement héréditaire devient le **servage**\*. La terre appartient pour une partie importante aux ordres privilégiés (le clergé possède 10 % du territoire environ, et le roi lui-même est le premier des féodaux) qui en tirent profit par toutes sortes de taxes, impôts, redevances sans parler de droits exclusifs, honorifiques comme la disposition de girouettes sur les toits et de bancs à l'église ou économiques, comme la possession de moulins, de forges... Les prélèvements sont variables suivant les régions, mais toujours lourds.

L'égalité fiscale n'existe pas, le clergé et la noblesse sont exemptés de l'impôt. Le clergé ne paie que des sommes décidées par lui (« le don gratuit »), mais, en outre il vit à la fois de ses richesses foncières et de la **dîme**\*, impôt terrible qui compte pour environ un dixième des productions agricoles.

Le développement de l'industrie et celui du commerce sont entravés par une multitude de règlements corporatifs avec des règles de fabrication à ne pas enfreindre, par une complexité de douanes intérieures, par la lenteur du commerce, des communications, des évolutions techniques, par la pauvreté et l'émiettement du marché intérieur, en un mot par le système féodal.

L'organisation territoriale est celle d'un fouillis inextricable de structures entremêlées, contradictoires, aux limites incertaines. Ainsi, sur un territoire moindre que la France actuelle, on compte 34 généralités ou provinces, 40 gouvernements militaires, 135 diocèses, 13 parlements judiciaires, 5 juridictions diverses de perception de l'impôt sur le sel (la **gabelle\***) qui, évidemment, ne coïncident pas entre elles, sans parler de l'enclave papale du Comtat Venaissin. Ce désordre est intolérable y compris à la monarchie absolue qui, pour ses propres besoins, demande une centralisation certaine.

**La France de l'Ancien Régime**

Depuis le Moyen Âge, cette société immuable est divisée en trois ordres. C'est l'inégalité qui prévaut en toutes choses :

> « Car nous ne pouvons pas vivre en égalité de condition, ainsi il faut par nécessité, que les uns commandent, et les autres obéissent [...]. Ce sont nos trois Ordres ou États généraux de France, le clergé, la noblesse et le tiers état. »

> (Charles Loyseau, bâtonnier des avocats de Paris dans son *Traité des ordres et simples dignités* écrit en 1613)

Les deux premiers ordres, clergé et noblesse, représentent une petite minorité de la population, ils sont cependant les ordres principaux du royaume. Ils bénéficient de privilèges à la fois honorifiques et matériels. Le clergé compte environ 130 000 personnes. Sa fonction est d'abord religieuse, mais dans un système où le roi est considéré comme le représentant de Dieu en son royaume, sa fonction politique est également importante. S'assurant du salut et du contrôle des âmes, il est également chargé de l'enseignement, des pauvres et des malades. Le clergé est lui-même partagé entre haut clergé, issu ou proche de la grande noblesse, qui garde les places importantes (évêques, cardinaux, etc.) et bas clergé, vivant avec les paysans et en partageant les souffrances. D'autres clivages existent entre clergé régulier (retiré du monde et à l'abri de ses tumultes) et clergé séculier vivant dans le siècle ; certains religieux sont sensibles aux idées nouvelles, d'autres très hostiles.

La noblesse, pour sa part, compte 300 000 membres aux privilèges variés : celui de porter une épée, celui d'avoir un blason, celui, étonnant de nos jours, d'être décapité et non pendu en cas de condamnation à mort. D'autres privilèges sont plus substantiels : les nobles ne payent pas tous les impôts directs et les hautes charges du royaume leur sont, en général, destinées. Là également, les divisions sont nombreuses et profondes. Il existe la vieille noblesse dite « noblesse d'épée », descendants directs des chevaliers et la noblesse de robe, composée de bourgeois anoblis parce qu'ayant acheté une charge héréditaire dans l'administration du royaume. Cette dernière noblesse, d'extraction plus récente, est souvent jalousée par les nobles d'ancienne souche. Quelques centaines de nobles vivent à la Cour où ils mènent grand train, notamment grâce aux pensions royales et aux revenus de leurs propriétés. Moins que quiconque, ils ne veulent de changement.

Quant au **tiers état**\*, il constitue le reste de la société. Son nom même, le « Tiers » montre qu'il est défini par élimination : celui qui n'est ni membre du clergé ni noble est du Tiers. Il paie tous les impôts, au roi, au clergé, aux seigneurs. Ces impôts sont nombreux et divers : en nature comme la dîme, en monnaie comme la taille, en journées de travail comme la **corvée**\*. La partie ascendante du Tiers est constituée des bourgeois, riches habitants des villes qui ne travaillent pas de leurs mains. Leur volonté d'ascension sociale est bloquée par la difficulté à devenir noble. Le Tiers des villes est composé pour une large part d'artisans auxquels il faut adjoindre les domestiques, les commerçants et une partie non négligeable de déclassés. Les paysans constituent près de 85 % de la population du royaume ; ils peuvent être de riches laboureurs comme de pauvres ouvriers agricoles ou des paysans misérables (les « manouvriers »). Vagabonds et bandits sont les laissés-pour-compte de cette société.

Tout au long du XVIIIe siècle, cette situation se modifie : la bourgeoisie fait son apparition dans les campagnes, on assiste à une différenciation dans la paysannerie, le servage disparaît des domaines royaux en 1779, la grande industrie prend son essor, limitée au stade manufacturier et le commerce colonial procure de substantiels bénéfices. La bourgeoisie prend conscience de sa force et les ordres privilégiés de leur fatigue. Dans ce système immobile, les éléments de dynamisme bouleversent une solidité plus apparente que réelle.

Les limites du royaume ne sont pas toujours nettes. L'ensemble des frontières de l'Est est incomplet : il manque la Savoie et les futures Alpes-Maritimes, la frontière du Jura est incertaine et celle du Nord encore plus. Une grande partie de l'Alsace et de la Lorraine appartient à des princes étrangers. Il reste encore beaucoup à faire et les enclaves dans le royaume empêchent aussi une certaine unité nationale. Depuis François I$^{er}$, la France s'est lancée avec plus ou moins de bonheur dans l'aventure coloniale. Les Antilles et le Sénégal permettent un commerce fructueux et immonde : on change des esclaves contre les verroteries et on vend, aux Antilles, les esclaves contre les matières précieuses (épices, café, tabac, métaux, coton). La bourgeoisie atlantique de Bordeaux et de Nantes s'enrichit sans scrupule.

Les chiffres sont incertains, mais on estime que la population a crû de 22 millions à 28 millions de 1700 jusqu'en 1789, ce qui faisait de la France le pays le plus peuplé d'Europe (Russie exceptée). Le renouvellement de la population est élevé avec une forte proportion de jeunes. La contraception fait de timides débuts, certainement en relation avec une perte de la foi catholique. Celle-ci est la caractéristique, pourtant, de l'immense majorité de la population, même si les variations sont grandes entre un moralisme **janséniste***  qui se veut indépendant, un mysticisme réel, un christianisme incertain proche du paganisme ou un **gallicanisme*** fidèle au roi. On verra de nombreux membres du clergé quitter celui-ci pendant la Révolution. Le demi-million de protestants est toujours victime des répressions : des pasteurs sont pendus à Toulouse en 1752. Quelques dizaines de milliers de juifs vivent reclus dans des quartiers réservés à Avignon, Carpentras ou dans l'Est.

Les villes connaissent un développement incontestable, bien que peu nombreuses et relativement peu peuplées : une demi-douzaine d'entre elles comme Rouen, Bordeaux, Nantes, Marseille, Lyon, Bordeaux comptent 100 000 habitants. Paris est la plus grande ville du royaume avec plus de 600 000 habitants dont de nombreux arrivés de province.

Dans une société de violence et d'inégalité, la justice même ne peut prétendre s'émanciper. Elle englobe aussi ce que l'on a appelé les « crimes imaginaires » comme les crimes d'hérésie, de magie, de sortilège, de lèse-majesté divine. Brûler une sorcière est commun au XVIIe siècle. Le clergé possède ses propres tribunaux et est donc dans la situation particulière de juger, mais de ne pouvoir être jugé. La torture avant jugement est normale et les peines sont différentes suivant l'ordre auquel on appartient. Pour ne pas avoir salué une procession, le chevalier de la Barre en 1765 à Abbeville fut torturé, décapité puis brûlé. Le protestant Calas, malgré Voltaire, fut roué pour un crime qu'il n'avait pas commis.

La bourgeoisie dans sa soif de reconnaissance a également un arsenal intellectuel antinobiliaire. Certaines armes sont données par les protégés de Louis XIV comme Molière et Lafontaine afin de ridiculiser les nobles et, par contrecoup, grandir le roi. Mais avec le siècle nouveau, c'est sur une autre échelle que le combat se mène : le XVIIIe siècle est tellement marqué par le développement du rationalisme qu'on l'a appelé « siècle des Lumières ». Rien n'échappe à la critique depuis Fontenelle et son « vérifions bien les faits avant de nous inquiéter de la cause [1] ». Montesquieu définit les trois pouvoirs (législatif, exécutif et judiciaire) qui doivent être indépendants, même s'il les réserve à l'aristocratie :

« Il y a dans chaque État trois sortes de pouvoirs : la puissance législative, la puissance exécutrice et la puissance de juger... Lorsque dans la même personne, la puissance législative est réunie à la puissance exécutrice, il n'y a point de liberté ; car on peut craindre que le même monarque fasse des lois tyranniques pour les exécuter tyranniquement. Il n'y a point encore de liberté si la puissance de juger n'est pas séparée de la puissance législative et de l'exécutrice. [...]. »

(Montesquieu, *De l'Esprit des lois*, 1748)

Voltaire a mené un combat de tous les instants contre l'intolérance et l'injustice dont nous avons vu qu'elles étaient grandes. Jean-Jacques Rousseau estime que la pro-

---

1. *L'Origine des Oracles*, 1686.

priété privée est à la base de l'inégalité et qu'un *Contrat social* doit organiser la vie de l'humanité.

*L'Encyclopédie* de Diderot et d'Alembert cherche à rassembler les connaissances nouvelles. Ces œuvres et ces auteurs appelés « les Philosophes » sont importants dans l'histoire des idées, mais c'est par de multiples brochures, pamphlets, imitations, reprises que les idées nouvelles se diffusent aussi. Cette soif de culture et de connaissances est étanchée par de nombreux cercles de discussion comme les académies de province.

À ce contexte de remise en cause généralisée, le fonctionnement même de l'économie puis celui de la politique viennent donner une aggravation sensible. Après des années d'expansion, l'économie semble balbutier et le traité de libre-échange franco-anglais de 1786 précipite dans la ruine de nombreux commerçants et artisans : l'industrie anglaise est en avance de plusieurs décennies sur l'industrie française. En même temps, les guerres notamment la Guerre d'indépendance américaine, lointaine et coûteuse, terminée en 1783, grèvent le budget.

Devant l'augmentation croissante des dépenses de guerre et de la Cour, la modification des recettes fiscales s'impose et il faut envisager de faire payer aussi les privilégiés et plus seulement le tiers état. La création de nouveaux impôts doit être approuvée par les **Parlements\***. Mais, écartés par Louis XIV, réinstallés par Louis XV, ils ont toujours manifesté une nette opposition aux idées nouvelles.

Dès son installation, Louis XVI nomme Turgot comme contrôleur général des finances. De l'école des **Physiocrates\*** – pour qui la Terre était la principale richesse – il cherche à atténuer les contradictions en procédant à des réformes comme la libre circulation des grains et la suppression de la corvée royale. Programme ambitieux sans moyen de le réaliser. Devant les oppositions, Turgot démissionne en mai 1776. Le banquier suisse Necker prend sa place.

Avec l'échec des premières réformes, les privilégiés s'estiment vainqueurs. Ils cherchent à reprendre tout ce que le temps a concédé au tiers état et à remettre en vigueur les anciens droits seigneuriaux. Victoire à courte vue. Ils jettent à la misère de nombreux paysans qui vont rejoindre les plébéiens des villes. Parfois même, cette outrance crée physiquement et psychologiquement des révolutionnaires : la mère de Barnave est chassée de la loge de théâtre qu'elle occupe par des aristocrates et c'est de ce moment que son fils situe son opposition à l'Ancien Régime. Il en est de même pour l'armée : à partir de 1775, on ne peut être officier que de grands-parents nobles.

Pour faire face aux dépenses de la guerre d'Amérique, Necker multiplie les emprunts et réduit symboliquement certaines dépenses de la Cour. Ces économies, minimes dans leur réalité, sont insupportables dans leur principe. Il importe à Necker de prouver la solvabilité des finances royales. Necker innove et fait sa perte : il publie en 1781 le budget du royaume, par ailleurs, très discutable dans lequel, pour la première fois, il donne une estimation des dépenses de la Cour. Par là même, il s'attire irrévocablement la haine des nobles et il doit démissionner (mai 1781).

Calonne, nommé à la suite de Necker, reprend l'ouvrage mais l'échec de Turgot et de Necker l'oblige à avoir des ambitions moindres ; il propose de contourner les Parlements définitivement hostiles à toute réforme en nommant une assemblée consultative composée de tous les ordres. Peine perdue : cette assemblée, à son tour, rejette les projets et Calonne démissionne en avril 1787. La crise politique s'aggrave sur fond de crise économique.

De cette longue et épuisante guérilla, personne ne sort vainqueur. Une importante émeute à Grenoble (la « journée des tuiles » appelée ainsi parce que les émeutiers bombardent de tuiles les troupes royales, le 7 juin 1788) montre que les Parlements ont le soutien de la population qui, par ailleurs, veut avoir son mot à dire. Dans la foulée de la « journée des tuiles », des représentants des trois ordres de la région du Dauphiné se réunissent à Vizille le 21 juillet et demandent la convocation des États généraux, idée déjà avancée par des nobles libéraux. Cette convocation est une fausse bonne idée : en fait, les États généraux représentent la pérennité de la division de la société en trois ordres, séparés et ne votant chacun que pour une voix, sans tenir compte ni du poids démographique ni du poids économique. Comment peuvent-ils se faire l'écho des réformes ? Le roi convoquant les États généraux ne règle aucune question.

En même temps, cette convocation permet à un immense débat de se tenir dans tout le pays. Le fond des réformes est établi dans les cahiers de doléances, qui donnent, plus ou moins, une idée de la volonté du pays. Volonté de changement et d'égalité de la part du Tiers, comme l'indique, entre de nombreux exemples (60 000 cahiers sont conservés), le tiers état à Étampes :

> « Que les impôts soient supportés par toutes les différentes classes de la société, sans aucune distinction ; chacun devant contribuer également, eu égard à ses facultés, aux charges de l'État. Il serait à désirer qu'il n'y eût plus qu'un seul impôt personnel et un seul réel. »

À laquelle s'oppose la volonté d'immobilisme de la part des ordres privilégiés, surtout de la part de la noblesse comme le montre cet extrait du cahier de la noblesse de Montargis :

> « Les Nobles réclament aussi le maintien de leurs privilèges : nous déclarons ne jamais consentir à l'extinction des droits qui ont caractérisé jusqu'ici l'ordre noble et que nous tenons de nos ancêtres... »

Ce débat prend la forme de nombreux pamphlets que l'on estime à une centaine par mois dans la période précédant les élections. Le plus célèbre pamphlet, à l'époque comme de nos jours, est celui de l'abbé Siéyès, *Qu'est-ce que le tiers état ?*, publié en janvier 1789 et dans lequel il résume ainsi le problème posé « Qu'est-ce que le tiers état ? Tout. Qu'a-t-il été jusqu'à présent dans l'ordre politique ? Rien. Que demande-t-il ? À être quelque chose. » Si la formule est percutante, elle est vague, parce qu'à ce moment, le Tiers, comme Siéyès, sait ce dont il ne veut plus et pas encore ce qu'il veut :

> « [...] Ainsi, qu'est-ce que le Tiers ? Tout, mais un tout entravé et opprimé. Que serait-il sans l'ordre privilégié ? Tout, mais un tout libre et florissant. Rien ne peut aller sans lui, tout irait infiniment mieux sans les autres. »
>
> (Siéyès, *Qu'est-ce que le tiers état ?*, 1789).

Mais ces débats intenses ne se mènent pas partout de la même manière puisque selon le mode d'élection des députés, le Tiers n'est pas égal : pour lui, les élections ont lieu suivant un double degré. En outre, celui-ci est confronté à une situation intenable : représentant 95 % de la population, il a droit à un tiers des voix dans un système où les deux autres ordres votent systématiquement contre toute innovation fiscale. La nouvelle revendication qui, maintenant, prend le pas sur toutes les autres, est celle du vote par tête (par député). Revendication à double effet puisqu'elle pose aussi le problème de la dislocation des ordres privilégiés.

Les Parlements, en septembre, se prononcent pour le maintien de la forme de 1614 des États généraux, c'est-à-dire, pour le vote par ordre. Ils déçoivent irrémédiablement et leur popularité s'effondre en quelques jours. Ils sont les premières victimes de la vague révolutionnaire qui monte. À la fin de l'année, le Conseil du roi propose le doublement du nombre des députés du Tiers sans se prononcer sur le vote par tête. C'est décevoir les ordres privilégiés, provoquer l'impatience du Tiers et accentuer les tensions.

La campagne électorale commence sur fond d'incertitude politique et d'émeutes liées à la hausse du prix du pain. Ce qui est significatif début 1789 dans ces émeutes est leur nombre et leur simultanéité sur le territoire du royaume. Les catégories populaires sont touchées par cette hausse des prix mais aussi, pour les salariés, par la baisse des salaires. Une émeute a lieu à Paris, les 26-28 avril, à quelques jours de l'ouverture des États généraux. C'est l'émeute dite « Réveillon » du nom de la manufacture de papiers peints qui procède à une significative baisse de salaires. L'armée royale tire sur la foule : plusieurs centaines de morts jonchent le pavé. La violence fait son entrée, initiée par les forces de la monarchie.

Quand le 5 mai a lieu l'ouverture des États généraux, la Révolution peut commencer, ses adversaires ont systématiquement balayé le terrain devant elle en se détruisant mutuellement.

Les députés du Tiers sont légèrement plus nombreux que ceux, ensemble, des deux ordres privilégiés. En supériorité démographique et économique dans le pays, en supériorité numérique dans la salle, comment pouvaient-ils accepter l'infériorité dans le vote ?

La déception est grande : discours insignifiant du roi, discours insipide et interminable de Necker.

Alors commence une série d'offensives et de contre-offensives qui, chacune, portent à un plan supérieur l'affrontement qui ne peut se terminer que par la reddition, réelle ou feinte, d'un des protagonistes.

Les députés du Tiers refusent que la vérification des pouvoirs ait lieu de manière séparée, ce qui serait approuver le vote par ordre. Pendant ce temps, des élus du clergé rejoignent le tiers état proclamé « assemblée des communes » à laquelle ils demandent aux autres élus de se rallier. Le même mouvement de désagrégation de la noblesse commence, plus tardivement et plus lentement avec des députés comme Philippe d'Orléans, cousin du roi.

Siéyès propose que les députés du Tiers se proclament « Assemblée nationale » (17 juin). Le roi essaie un coup de force, piètre dans sa conception comme dans ses moyens : il fait fermer la salle de réunion du Tiers qui se réunit dans une salle voisine dite du « jeu de Paume » (20 juin). Initiative malheureuse car elle renforce le Tiers dans sa détermination : les députés jurent de « ne jamais se séparer... jusqu'à ce que la Constitution fût établie ». C'est le « serment du jeu de Paume ».

Persistant dans une tactique qui décourage ses partisans et exaspère ses adversaires, le roi fait semblant de céder, réunit les États généraux, leur promet de s'incliner sur tout sauf sur le vote par tête. Les députés de la noblesse et du clergé (« ma fidèle noblesse, mon fidèle clergé » dit le roi, accusant à mots à peine couverts le Tiers d'être infidèle) se dispersent. Ceux du Tiers refusent de quitter la salle. Pressé d'injonctions, Mirabeau s'écrie qu'ils ne sortiront que par la « force des baïonnettes ». Pendant ce temps, la monarchie fait venir des troupes autour de Versailles et de Paris. Ces mouvements augmentent la colère de la population qui multiplie les actes d'insubordination contre le roi, contre l'ordre, contre les marchands et les taxes.

Pendant qu'États généraux et personnages royaux ferraillent, le pays a les yeux fixés sur eux et, en même temps, se bat pour sa survie au sens littéral du terme. Phénomène classique des révolutions, les forces chargées du maintien de l'ordre et, hier, les plus sûres, se désagrègent.

L'Assemblée nationale devient « Assemblée constituante » (9 juillet), c'est encore un peu plus s'attaquer au pouvoir du roi. Celui-ci, enfin, abat son jeu et chasse Necker (11 juillet). À cette nouvelle, entraînée par des orateurs dont l'avocat Camille Desmoulins, l'émeute se déclenche dans Paris. La foule se heurte à la troupe ; des soldats des Gardes françaises désertent ou passent à la révolte. La révolte politique est aussi sociale : les « barrières » qui commandaient l'entrée des denrées – donc responsables de la hausse des prix – dans Paris sont brûlées. Puis, au matin du 14 juillet, par dizaines de milliers, les Parisiens se rendent aux Invalides et à la Bastille qu'ils finissent par prendre après des affrontements qui font une centaine de morts parmi les révoltés et quelques-uns parmi les forces de l'ordre.

L'événement est considérable : Paris est aux mains des émeutiers, l'armée a basculé ou a été vaincue, le symbole de l'Ancien Régime est pris. C'est une défaite cuisante pour Louis XVI.

En même temps, un comité d'électeurs (personnages aisés, donc) forme une « milice bourgeoise » avec comme signe distinctif une cocarde aux couleurs de Paris et de la monarchie : le bleu et le rouge avec le blanc. C'est la première apparition de la cocarde, puis du drapeau tricolore. L'astronome Bailly prend la tête de ce pouvoir municipal, et l'officier Lafayette celle de la garde nationale. Ils apparaissent comme des dirigeants de cette première vague de la révolution qu'ils veulent canaliser. Le 17 juillet, le roi se rend à Paris pour cautionner une situation qu'il n'a cessé de combattre. Il est accueilli aux cris de « Vive la Nation ! » et non de « Vive le Roi ! » ; le divorce s'établit plus qu'il ne s'estompe.

À l'annonce de la prise de la Bastille, deux mouvements contradictoires vont se nourrir l'un l'autre. D'abord, des nobles de la Cour quittent le pays. C'est la première vague d'émigration, relativement peu massive, mais, surtout, qualitativement symptomatique : il s'agit des familiers de Versailles. D'autre part, dans les campagnes, les paysans s'arment : peur du retour de ces mêmes émigrés, peur de la revanche des nobles, peur des brigands, peur de la famine, peur de l'instabilité ? Il s'agit de tout cela en même temps. Sans concertation, dans de nombreuses régions de France mais pas dans toutes, on va vers les châteaux pour obtenir le brûlement des titres de propriétés féodales et la reddition des nobles. On brûle les titres et les symboles, souvent les châteaux et, parfois, les maîtres. C'est la « Grande Peur ».

La bourgeoisie, dans les villes, procède à l'éviction des municipalités anciennes et en prend la place. Pour calmer la révolte paysanne, l'Assemblée constituante n'a pas d'autre choix que d'abolir les privilèges. Triomphe de l'insurrection paysanne dans l'unanimité de l'Assemblée ? Oui et non. Si les privilèges honorifiques comme les bancs et les armoiries sont supprimés (mais il faut dire qu'il n'en restait guère après la Grande Peur), les droits seigneuriaux sont rachetables. Les féodaux perdent peu, les paysans ne gagnent rien et les bourgeois vont devenir les principaux bénéficiaires de cette transaction violente. C'est une réalité mais c'est aussi une escroquerie. Le journaliste Marat, seul ou presque, révèle la supercherie dans son journal *L'Ami du peuple* du 21 septembre 1789 :

> « Si l'on considère que la plupart des concessions annoncées ne peuvent avoir qu'un effet encore éloigné, qu'aucune ne va au prompt soulagement de la misère du peuple et des maux de l'État, si l'on considère que c'est du pain dont les malheureux ont besoin actuellement, si l'on considère le dégât des biens de la terre qui a été la suite de la suppression des privilèges de chasse, si l'on considère la perte d'un temps précieux qu'entraînent les éternels débats sur ces concessions particulières et qui retardent le grand œuvre de la Constitution, seul moyen de ramener la paix, la confiance, le crédit, d'établir la sûreté et la liberté, de cimenter la félicité publique ; on regrettera que les États généraux aient sacrifié à ces petits objets le temps destiné à des grandes choses. »

Il convient de donner une justification politique voire morale à cette nouvelle situation. La Nation a des droits, les citoyens ont des droits : la preuve, ils les ont arrachés tout au long de l'été, mais il faut par une proclamation solennelle les garantir. C'est la Déclaration des droits de l'homme et du citoyen, votée le 26 août 1789 après de longues discussions. Le texte en est court et simple parce qu'il se veut universel et limpide. En quelques mots, il met à bas l'inégalité de l'Ancien Régime fondée sur l'hérédité et le cloisonnement : « les hommes naissent et demeurent égaux en droits », ce qu'aucun privilégié de naissance ne peut accepter de bon gré ; il met en cause l'existence même du pouvoir royal et instaure un ordre neuf. Pour certains des membres du Tiers, c'en est déjà trop et ils rejoignent la monarchie menacée. Avec les partisans de l'Ancien Régime, ils sont partisans d'une monarchie où le roi est le personnage central. Ils obtiennent le droit de « veto » pour le roi qui peut interdire momentanément une loi. Pouvoir exorbitant pour les patriotes, pouvoir ridicule pour les tenants de la monarchie absolue. C'est trop ou trop peu ; dans tous les cas, c'est insatisfaisant.

Il est convenu de parler des limites de cette Déclaration : certes, elle ne dit rien des droits des femmes, elle maintient l'esclavage, mais l'essentiel n'est pas là, ou plus exactement n'est pas encore là. En quelques semaines, l'ensemble du système de la monarchie absolue s'est effondré. Cependant, laisser en place un monarque absolu même aux pouvoirs rognés, c'est le risque du rétablissement de ladite monarchie absolue.

Le roi, s'il est défait, n'est pas vaincu. Pendant qu'il rappelle des troupes, il refuse d'approuver les textes d'août. Une tentative contre-révolutionnaire se prépare. À Paris, cette nouvelle menace liée aux problèmes de subsistances est prise très au sérieux. Une foule de parisiens et surtout de parisiennes marche sur le château de Versailles que Louis XIV avait fait construire pour éviter les troubles populaires. Après des affrontements sanglants mais limités, le roi cède. Il signe les décrets, promet du pain (comment peut-il tenir cette promesse ?) et rentre à Paris. La foule crie que « le boulanger, la boulangère et le petit mitron » rentrent avec elle. Le roi est de retour dans Paris ; de fait, il est prisonnier.

Le duel à mort entre la Révolution et l'absolutisme n'a fait que se déplacer.

# 2

## Le bras de fer

Dès son arrivée aux Tuileries après les journées d'octobre 1789, Louis XVI écrit secrètement au roi d'Espagne pour l'informer qu'il a cédé par la force. La découverte en 1792 de cette correspondance ne pèsera pas peu dans le jugement du roi. L'accusation de trahison et de parjure en sera le prix. L'Assemblée se met au travail, comme si de rien n'était. Elle réforme l'organisation du pays et, le 15 janvier 1790, elle établit la carte des départements français et fixe leur nombre à 83. Tout d'abord, les députés envisagent des circonscriptions de taille identique. Mirabeau combat ce projet :

> « Je demande une division qui ne paraisse pas, en quelque sorte, une trop grande nouveauté ; qui, si j'ose le dire, permette de composer avec les préjugés et même avec les erreurs, qui soit également désirée par toutes les provinces et fondée sur des rapports déjà connus... Après avoir aboli les prétentions et les privilèges, il serait imprudent de laisser subsister une administration qui pourrait offrir les moyens de les réclamer et les reprendre. »

Apparaît un schéma encore valable de nos jours.

Les départements sont dirigés par un conseil de 28 membres et un procureur général syndic chargé de faire appliquer les lois, élus par les citoyens. Ils ne sont pas nommés par le gouvernement central comme les intendants de l'Ancien Régime ni comme les préfets depuis Napoléon.

La Constituante n'oublie pas qu'elle a été convoquée pour régler la crise financière et l'égalité fiscale, pour importante qu'elle soit, ne rembourse pas les dettes. Talleyrand, évêque élu à l'Assemblée, a une idée de génie : si le clergé a une mission spirituelle, il n'a pas besoin de biens temporels qui seraient alors à la disposition de la Nation et celle-ci, en retour, pourrait prendre en charge les missions de l'Église comme l'état civil, l'assistance et l'éducation. La principale richesse est dépossédée en quelques jours.

Maury, porte-parole des **monarchiens***, le 2 novembre à la tribune de l'Assemblée, avertit les réformateurs bourgeois :

> « La propriété est une et sacrée pour nous comme pour vous. Nos propriétés garantissent les vôtres. Nous sommes attaqués aujourd'hui, mais ne vous y trompez pas. Si nous sommes dépouillés, vous le serez à votre tour. »

Pour combler le déficit de l'État et en attendant la vente des biens du clergé devenus « **biens nationaux*** » sont édités des **assignats*** gagés sur ces biens. Peu à peu, les assignats édités en grand nombre vont se déprécier et les petits paysans vont être exclus de ce gigantesque commerce au profit des possesseurs de capitaux. L'État salarie les membres du clergé qui, fonctionnaires, doivent prêter serment de fidélité « à la nation, à la loi, au roi ». Cette Constitution civile du clergé va provoquer une scission entre « **jureurs*** » proches de la Révolution et « **réfractaires*** » qui refusent le serment. En réalité, le pape qui a été tenu à l'écart de la discussion est le grand perdant. Il condamne peu après la Constitution civile du clergé et la Déclaration des droits de l'homme, se posant comme un chef de file de la Contre-Révolution qui s'est amorcée.

Les masses sont entrées dans le débat. Les journaux de toutes tendances se multiplient et de nombreux militants vont se faire journalistes dans toutes les villes du royaume. Cette liberté de la presse (avec brochures, pamphlets, affiches) est un des apanages de la démocratie, comme les regroupements politiques. Ainsi, le **club**\* des députés bretons qui se réunissait à Versailles s'installe dans les locaux du couvent des Jacobins à Paris. Sous le nom des « Amis de la Constitution », il s'ouvre à tous les citoyens moyennant une cotisation significative. Son nom plus connu – « les **Jacobins**\* » – va devenir un symbole de la Révolution. Un élu du Tiers commence à s'y faire entendre, plus facilement qu'à l'Assemblée : il s'appelle Robespierre. Peu à peu, le **club**\* va étendre ses filiales dans toute la France. Un autre club, plus démocratique dans son recrutement, s'ouvre aux **Cordeliers**\*. Danton en est adhérent. Pendant que des figures apparaissent, d'autres quittent la scène : Necker démissionne en septembre 1790 dans l'indifférence générale et Mirabeau accusé de collusion avec la Cour meurt en avril 1791. Mounier qui avait présidé au serment du jeu de Paume émigre en mai 1790.

Réorganisation du pays et poussée de la démocratie, ce tableau serait incomplet si n'y figuraient les limites que les dirigeants de la Constituante veulent fixer à la Révolution et les tentatives contre-révolutionnaires.

La politique de la Constituante marque un coup d'arrêt aux ambitions de 1789, comme si la Constituante est effrayée de sa propre audace. Les députés, certes, rejettent la création d'une Haute assemblée (10 septembre) et posent une tradition révolutionnaire refusant le **bicaméralisme**\* mais, dès le lendemain, ils mettent en place le **veto**\* royal, donnant au chef de l'exécutif un privilège exorbitant puisqu'il peut suspendre momentanément les lois, ce qui en ces temps de décision rapide le place au-dessus des lois. Si les démocrates, avec Pétion et Robespierre, s'y opposent nettement, cela ne suffit pas. Autre violation de la Déclaration des droits, un système compliqué de **suffrage censitaire**\* est mis en place. Les citoyens sont divisés en « passifs » ne payant pas assez d'impôts et exclus de la vie politique, « actifs », qui payent l'équivalent de trois journées de travail en impôt, « électeurs » et « éligibles », avec un taux progressif dans le revenu et l'élection. Pour être électeur, il faut l'équivalent de dix journées de travail et pour être éligible à l'Assemblée, payer l'équivalent d'un **marc d'argent**\* d'impôt.

> « La loi est-elle l'expression de la volonté générale lorsque le plus grand nombre de ceux pour qui elle est faite ne peuvent concourir, en aucune manière, à sa formation ? Non... Que serait votre constitution ? Une véritable aristocratie... Et quelle aristocratie ! la plus insupportable de toutes, celle des riches ! »
>
> (Robespierre dans un discours d'avril 1791).

La Constitution de 1791 parachève cet édifice instable dans lequel le roi n'est plus « Roi de France », mais devient « Louis, par la grâce de Dieu et la loi constitutionnelle de l'État, roi des Français » et met sur le même plan le Créateur et la Constitution.

Cette politique se double de lois empreintes du libéralisme économique. Elles démolissent le système des **corporations**\*, mais elles interdisent, en même temps, devant une agitation ouvrière qui commence, grèves et syndicats ouvriers. C'est la loi **Le Chapelier** du 17 juin 1791 et la loi d'Allarde du 2 mars 1791.

Cette disposition restera en place jusqu'en 1884 pour les syndicats, 1864 pour les grèves et aucun régime n'y a touché jusqu'à ces dates. Il n'est pas question de droits politiques pour les femmes même si est créée en 1790 une « société fraternelle des deux sexes ». L'esclavage est maintenu dans les colonies et juifs et protestants n'obtiennent que peu à peu l'égalité de droits.

**Constitution de 1791**

LE ROI DES FRANÇAIS
(héréditaire)

- nomme et révoque les ministres et les fonctionnaires
- droit de veto suspensif sur les lois ministres

LA LOI

ASSEMBLÉE
Législative
(initiative et vote des lois)
745 députés
(élus pour 2 ans)

ÉLECTEURS
environ 50 000

Condition pour être Électeur :
Cens = impôt équivalent à
10 journées de travail

CITOYENS ACTIFS : 60%

LA NATION

CITOYENS PASSIFS : 40%
Hommes au-dessous du cens
+
femmes

Condition pour voter :
Cens = impôt équivalent à
3 journées de travail

25 millions d'habitants et
4,3 millions de citoyens actifs

LES TRIBUNAUX (indépendance de la justice)

À Nîmes et à Montauban, les groupes catholiques s'en prennent violemment à ces derniers qui peuvent accéder à des fonctions électives. On compte plusieurs centaines de morts.

Cette nette modération dans les revendications et dans les pratiques encourage les tentatives contre-révolutionnaires déjà établies comme le complot du marquis de Favras, pendu pour avoir préparé l'évasion du roi (19 février 1790). Pour le moment, ces forces contradictoires, après un premier choc, se neutralisent et se disposent pour un autre assaut. Dans ces escarmouches, les jacqueries font pendant au rassemblement de 20 000 royalistes armés au camp de Jalès que, seule, la force disperse début 1790. Cet équilibre peut prendre la forme d'une unanimité d'autant plus formidable qu'elle est factice. C'est la Fête de la Fédération le 14 juillet 1790. Cette fausse unanimité a un visage, celui de Lafayette. Par là même, il ne peut que susciter l'hostilité de la monarchie. Étant celui qui cherche à la contrôler, il exaspère ses rivaux et les démocrates.

Des habitants de lieux voisins se réunissent spontanément, abandonnant leurs particularismes pour se fondre dans l'unité nationale. Ce sont les fédérations. À Pontivy entre les citoyens de Bretagne et d'Anjou (15 janvier 1790), le serment suivant est adopté :

« Nous, Français Citoyens de la Bretagne et de l'Anjou [...]. Nous déclarons solennellement que n'étant ni Bretons ni Angevins, mais Français et Citoyens du même empire, nous renonçons à tous nos privilèges locaux et particuliers. »

De proche en proche, jusqu'à Paris, on se fédère. L'Assemblée nationale n'est pas enchantée de ce débordement d'enthousiasme populaire qui lui fait craindre un regain de violence. Le 14 juillet 1790, des centaines de milliers de personnes incluant de très nombreux délégués de province avec les bannières des 83 départements se réunissent au champ de Mars qui a été aménagé pour les recevoir. Cérémonie grandiose par son nombre, par sa symbolique, par ses ambitions.

Cérémonie médiocre par la posture des personnages : Lafayette, chef de la garde nationale, essaye de prendre un rôle national, Louis XVI prête un serment dont il ne pense pas un mot, la reine aussi peu sincère que son mari présente son enfant à la foule, Talleyrand sert la monarchie constitutionnelle après avoir servi le pape et avant de servir Napoléon I$^{er}$ puis Louis XVIII. Il aurait dit à un de ses assistants « surtout ne me faites pas rire ».

Mais, à Nancy, à partir du 5 août, un incident révèle l'anachronisme de l'armée royale et va entraîner – entre autres – la profonde mutation de celle-ci. À cause du non-paiement de la solde et de la flagellation publique de certains mécontents, la garnison se révolte. Le général Bouillé organise la répression, violente (plusieurs centaines de morts et de blessés) et cruelle : plusieurs dizaines de mutins sont roués ou pendus.

Lié à Bouillé par leurs origines, leur caste, leur famille, leurs opinions, Lafayette le soutient. Bouillé et Lafayette sont alors perçus comme des généraux d'ordre. Pour cela, la monarchie les apprécie, mais la démocratie les rejette, le second surtout : on ne peut applaudir l'unité de la Nation le 14 juillet et applaudir la mise en pièces de révoltés, quelques semaines plus tard. La popularité de Lafayette est maintenant derrière lui.

Les principes de 1789 avancent : on proclame le droit des peuples à disposer d'eux-mêmes avec Saliceti, élu de la Corse, le 30 septembre 1789 et puis avec Merlin de Douai le 28 octobre 1790. En effet, les princes allemands ayant des possessions en Alsace refusent d'y abolir les droits seigneuriaux, mais l'Alsace va être rattachée :

> « Qu'importent au peuple d'Alsace, qu'importent au peuple français les conventions qui, dans les temps du despotisme ont eu pour objet d'unir le premier au second ? Le peuple alsacien s'est uni au peuple français parce qu'il l'a voulu... Les divers États dont était composée l'Alsace n'ont pas eu plus besoin du consentement de l'Empire pour se rendre Français, que les Corses n'ont eu besoin du consentement des Génois. »

> (Merlin, rapport de l'assemblée, 28 octobre 1790).

Le même droit est utilisé pour le ralliement du Comtat Venaissin, auparavant propriété papale. L'Assemblée proclame également un nouveau droit international : « La nation française renonce à entreprendre aucune guerre dans la vue de faire des conquêtes et n'emploiera jamais ses forces contre la liberté d'aucun peuple » (22 mai 1790). La réalité sera tout autre... Ce droit des peuples frappe de plein fouet l'Europe monarchique.

Les mêmes contradictions assaillent les colonies : faut-il abolir l'esclavage en conformité de la Déclaration des droits ou le maintenir pour les intérêts des colons ? La seconde solution prévaut. C'est la Convention qui va abolir l'esclavage avant qu'il ne soit rétabli par Napoléon.

Dans cet entrechoc de pulsions contradictoires, à Paris, le 21 juin à l'aube, on apprend que la famille royale n'est plus aux Tuileries. À dire vrai, la surprise n'est pas ce départ, mais qu'il ait eu lieu quand tout l'annonçait et que tout était mis en œuvre (croyait-on) pour l'empêcher.

Déguisé, le roi fuit avec sa famille sur les routes de l'Est, vers l'armée de Bouillé, garante de sa sécurité et de son autorité à rétablir, et plus loin, vers l'étranger où vivent les émigrés, à commencer par ses frères. L'escapade nocturne du roi finit à Varennes où, reconnu par Jean-Baptiste Drouet, il est arrêté et où la farce redevient drame. Par cette initiative, le double jeu du roi est, enfin, dévoilé.

Alors, une vague d'indignation (nobles exclus, bien sûr) jette la population dans la rue. Des pamphlets innombrables sont distribués. Paradoxalement, cette révolte rejette vers la monarchie un certain nombre de modérés. Le retour à Paris, au milieu de la foule, se fait dans un silence effrayant. Pétion, député démocrate, qui avait été envoyé pour raccompagner le roi et ne se remettra pas de fréquenter le haut monde, témoigne dans une relation de son voyage :

> « Le concours du peuple était immense. Il semblait que tout Paris et ses environs s'étaient réunis. Les toits des maisons étaient couverts d'hommes, de femmes, d'enfants. Les

barrières en étaient hérissées ; les arbres en étaient remplis. Tout le monde avait le chapeau sur la tête ; le silence le plus majestueux régnait. La garde nationale portait le fusil la crosse en l'air. »

Pour endiguer le flot qui monte, l'Assemblée invente la thèse de l'enlèvement du roi, peu crédible et qui décrédibilise ses auteurs. On assiste aux premières revendications républicaines, que cela soit le fait du philosophe Condorcet ou de groupes tels le **club**\* des Cordeliers ou les patriotes de Montpellier. Varennes est bien un tournant. Le club des Jacobins scissionne entre modérés et républicains ; l'Assemblée suspend le roi et Barnave pose le problème de fond dans un discours le 15 juillet 1791 :

« Allons-nous terminer la Révolution, allons-nous la recommencer ? Un pas de plus serait un acte funeste et coupable, un pas de plus dans la ligne de la liberté serait la destruction de la royauté, un pas de plus dans la ligne de l'égalité serait la destruction de la propriété. »

Il semble que la malédiction des propriétaires jetée par l'abbé Maury se poursuive, avec d'autres voix. Le 17 juillet, Bailly, maire de Paris, et Lafayette, chef de la garde nationale, font hisser le drapeau rouge de la loi martiale qui, par un retournement dont l'Histoire a le secret, va devenir le symbole des révoltes des siècles suivants. La garde nationale tire sur la foule désarmée qui contresignait une pétition républicaine au Champ-de-Mars ; on compte une cinquantaine de morts. Une vague de répression s'ensuit : les Cordeliers sont fermés, Marat se réfugie en Angleterre, Robespierre se cache.

La scission du club des Jacobins se mène suivant une ligne de clivage simple : les modérés – l'essentiel des députés – le quittent pour fonder un autre, les **Feuillants**\*. Robespierre reste seul ou presque comme démocrate de premier plan. Mais si les parlementaires font défection, les filiales de province ne suivent pas.

L'essentiel est là : des partisans de la révolution dans sa

première heure se sont déconsidérés et les patriotes consé-
quents, démocrates, républicains – que la conviction soit
ancienne ou forgée récemment – ont maintenant l'appui
d'une partie non négligeable de la population, arrivée en
même temps qu'eux aux mêmes conclusions. Une révolution, c'est, aussi, quand les révolutionnaires et les masses
sont arrivés aux mêmes conclusions.

Pendant ce temps, l'empereur Léopold II et le roi de
Prusse Frédéric-Guillaume II, effrayés par la ruine de la
monarchie française, poussés par les émigrés, lancent la
menaçante déclaration de Pillnitz (27 août 1791) :

> « Sa Majesté l'empereur et Sa Majesté le roi de Prusse,
> ayant entendu les désirs et représentations de Monsieur et
> de M. le comte d'Artois, se déclarent conjointement qu'elles
> regardent la situation où se trouve actuellement le roi de
> France comme un objet d'un intérêt commun à tous les
> souverains de l'Europe. Elles espèrent que cet intérêt ne peut
> manquer d'être reconnu par les puissances dont le secours
> est réclamé, et qu'en conséquence, elles ne refuseront pas
> d'employer, conjointement avec Leurs dites majestés, les
> moyens les plus efficaces, relativement à leurs forces, pour
> mettre le roi de France en état d'affirmir, dans la plus par-
> faite liberté, les bases d'un gouvernement monarchique éga-
> lement convenable aux droits des souverains et au bien-être
> de la nation française... »

Mais cette déclaration requiert, pour être mise en application, les autres monarchies qui se dérobent. Cependant,
les modérés profitent de ce contexte pour modifier la
Constitution dans un sens autoritaire et le roi, rétabli dans
ses fonctions, doit à nouveau lui prêter serment. Masca-
rade qui déconsidère et l'un et l'autre.

L'Assemblée nationale, ayant terminé ses travaux, se disperse le 30 septembre aux cris de « Vive le Roi ! Vive la
Nation ! » et elle cède la place à une Assemblée législative
de 745 députés, tous hommes nouveaux puisque, sur propo-
sition de Robespierre, les Constituants se sont exclus de la
nouvelle assemblée. Signe des temps qui changent : Robespierre et son *alter ego*, Pétion, sont portés en triomphe par

la foule après la dernière séance de l'Assemblée. Car, en fait, l'alternative est énoncée par Robespierre : « que nous reste-t-il à faire que de reprendre nos fers ou nos armes ? »

La nouvelle assemblée se partage en trois grands courants dont les membres sont, essentiellement, des nobles libéraux ou des bourgeois : les **Feuillants**\*, du nom de leur club, partisans d'une monarchie constitutionnelle, tiraillés par les rivalités entre Lamethistes (du nom de Lameth, chef de file des partisans de la monarchie constitutionnelle) et Fayettistes, les Brissotins qui sont une centaine d'inscrits au club des Jacobins, du nom du député de Paris Brissot, un patriote (on les appellera aussi **girondins**\*), flanqués de quelques députés démocrates et une majorité de députés hésitants. Mais elle va vite être prisonnière d'une intense et rapide politisation des villes et des campagnes : fin 1791, on compte plus d'un millier de filiales des Jacobins dans le pays. De l'autre côté, l'agitation des émigrés et celle des contre-révolutionnaires à l'intérieur du pays se développent. Le régime est comme dans une nasse.

Pour l'en sortir, les Brissotins veulent une politique agressive qui unisse la Nation contre ses ennemis. De fait, depuis Varennes et Pillnitz, l'Europe marche à la guerre. Les monarchies protègent les émigrés qu'elles accueillent et qui agissent contre la France. Cette perspective guerrière va diviser le parti patriote. En effet, Brissot souhaite une guerre presque symbolique, limitée à certains États allemands comme si le jeu des alliances ne poussait pas à la surenchère ; comme si l'état-major français acquis à la Contre-Révolution et le roi lui-même allaient être d'un quelconque secours, comme si l'armée était en état de combattre. La guerre, pour des raisons diamétralement opposées, est voulue par la monarchie : si la France triomphe, le pays se précipitera dans les bras du vainqueur, mais, hypothèse plus plausible, la victoire des monarchies coalisées remettra Louis XVI sur le trône. Celui-ci écrit dans des instructions secrètes au baron de Breteuil, le 14 décembre 1791 :

« L'état physique et moral de France fait qu'il est impossible de soutenir une demi-campagne mais il faut que j'aie l'air de m'y livrer franchement... Il faut que ma conduite soit telle que, dans le malheur, la nation ne voie de ressources qu'en se jetant dans mes bras. »

À la politique belliciste de Brissot, appuyé par ses amis girondins qui affirme dans un discours à l'assemblée le 29 décembre 1791 :

« Il est donc enfin arrivé le moment où la France doit déployer aux yeux de l'Europe le caractère d'une nation libre, qui veut défendre et maintenir sa liberté... La guerre est actuellement un bienfait national ; et la seule calamité qu'il y ait à redouter, c'est de ne pas avoir la guerre. »

**Robespierre** aux Jacobins :

« Quelle est la guerre que nous pouvons prévoir ? Est-ce la guerre d'une nation contre d'autres nations, ou d'un roi contre d'autres rois ? Non. C'est la guerre des ennemis de la révolution française contre la révolution française. Les plus nombreux, les plus dangereux de ces ennemis sont-ils à Coblentz ? Non, ils sont au milieu de nous. [...] »

(18 décembre 1791)

C'est un long débat qui va disjoindre à jamais le parti démocratique. La France se prépare à la guerre dans un contexte de crise religieuse (les réfractaires mènent une sourde agitation), financière (l'assignat perd régulièrement de sa valeur), sociale (les émeutes de la faim se multiplient) et politique (on connaît les premiers textes égalitaires). Au sommet, le pouvoir est divisé. **Feuillants\*** et **girondins\*** se livrent à un jeu de massacre sur les ministres, dérisoire renouvellement de personnel, qui, au fond, appelle un véritable changement. Ainsi, le ministre de la Guerre, Narbonne, est chassé avant la déclaration de guerre qui intervient le 20 avril. L'Assemblée décide de ne déclarer la guerre qu'au roi de Hongrie, espérant par cet inutile calcul à courte vue, tenir loin du conflit les autres États allemands.

Comme il fallait s'y attendre, les opérations militaires tournent vite au désastre. Le 29 avril, dans le Nord, les troupes françaises se débandent et massacrent le général Dillon. Son comparse, le général Biron, ordonne une retraite que rien ne justifie. Des régiments passent à l'ennemi. Sur les Ardennes, Lafayette ne bouge pas. Robespierre, le 1er mai aux Jacobins, s'exclame : « Je ne me fie point aux généraux... Je ne compte que sur le peuple, le peuple seul. » Dans quelques jours, il va lancer le journal *Le défenseur de la Constitution*. Preuve de la méfiance des généraux, le 18 mai, ceux-ci estiment l'offensive impossible et proposent la paix. Dans cette débâcle, la démission du successeur de Narbonne à la Guerre passe presque inaperçue.

C'est du tréfonds de la Nation menacée que vient le secours. L'ancien tiers état ne veut pas d'un retour à l'Ancien Régime amené par les troupes monarchiques. La bourgeoisie révolutionnaire voit ses divisions s'accentuer entre une partie girondine, marchande, prête à certains arrangements et une partie jacobine (avec tout ce que ce départ a de schématique) qui pour assurer le triomphe de la Révolution est prête à s'unir avec les couches populaires. Tout le génie de Robespierre fut de formuler puis de maintenir cette alliance. Les volontaires commencent à s'enrôler. Le *chant de guerre de l'armée du Rhin* qui va devenir *la Marseillaise*, composé par Rouget de Lisle, chanté pour la première fois à Strasbourg le 26 avril est indicatif de ce sentiment général.

L'Assemblée législative semble dépassée. Elle fait voter la formation d'un camp de 20 000 fédérés aux portes de Paris, pour protéger la capitale mais aussi pour la surveiller. Elle fait voter peu après un décret contre les prêtres réfractaires. Le 11 juin, le roi met son veto à ces deux décrets et, le lendemain, il renvoie Roland, le ministre girondin de l'Intérieur ainsi que le ministre de la Guerre. Dumouriez est ministre de la Guerre, il est remplacé au bout de trois jours par un personnage qui devient le cinquième ministre de la Guerre – dans un pays en guerre ! – en trois mois. L'Assemblée nomme une commission pour superviser les ministres nommés par le Roi. Mesure inefficace au possible : soit les ministres doivent être chassés et le roi avec eux, soit ils restent et alors l'Assemblée doit s'effacer. L'Assemblée n'arrivant pas à se déterminer, la rue prend la parole. La municipalité parisienne, profitant de l'échec de Lafayette à l'élection comme maire, met en place un comité insurrectionnel secret.

Lafayette, plus intéressé par son ambition que par son grade, délaisse à plusieurs reprises l'armée pour venir menacer les Jacobins, indiquant par là même que le problème n'est pas militaire et extérieur mais politique et intérieur.

La manifestation du 20 juin voit la foule des faubourgs entraînée par Santerre, un chef du faubourg Saint-Antoine, envahir l'Assemblée puis les Tuileries où le roi est pris à partie. Il doit boire à la santé de la Nation, mais ne cède pas. C'est une journée pour rien. Elle ne devint une répétition générale seulement parce que la journée suivante – l'insurrection du 10 août – va porter. D'autant que les royalistes utilisent cet inutile coup de force pour retourner la situation en leur faveur et Pétion, nouveau maire de Paris, est brièvement suspendu de ses fonctions.

Les girondins, menacés, repartent à l'attaque, remettent en cause ce qu'ils avaient appelé dès le 23 mai « le comité autrichien » des Tuileries, ce qui met en cause directement la reine. Le 5 juillet, l'Assemblée précise les modalités de la patrie en danger :

> « Aussitôt après la déclaration publiée, les conseils de département et de district se rassembleront, et seront, ainsi que les municipalités et les conseils généraux des communes, en surveillance permanente ; dès ce moment aucun fonctionnaire public ne pourra s'éloigner ou rester éloigné de son poste. [...] Tous les citoyens en état de porter les armes, et ayant déjà fait le service de gardes nationales, seront aussi en état d'activité permanente. »

Et le 11, elle adopte :

« Votre Constitution repose sur les principes de la justice éternelle ; une ligue de rois s'est formée pour la détruire : leurs bataillons s'avancent, ils sont nombreux, soumis à une discipline rigoureuse, et depuis longtemps exercés dans l'art de la guerre. Ne sentez-vous pas une noble ardeur enflammer votre courage ! [...]

Nos armées ne sont point encore portées au complet, une imprudente sécurité a modéré trop tôt les élans du patriotisme [...]

Hâtez-vous, citoyens ! sauvez la liberté et vengez votre gloire. L'Assemblée nationale déclare que la patrie est en danger. »

En une semaine à Paris, 15 000 volontaires s'engagent. Dans les départements, c'est le même mouvement. L'insurrection du 10 août n'est que l'aboutissement de ce mouvement général.

Devant cette agitation, les ministres Feuillants démissionnent. La Gironde, espérant revenir au pouvoir, multiplie intrigues et tergiversations. Brissot met sur le même plan ceux qui veulent « à présent la République » et « les contre-révolutionnaires de Coblentz ». Robespierre et les Jacobins, à l'inverse, encouragent l'insurrection qui se dessine. Face au danger, la distinction entre « citoyens actifs » et « passifs » vole en éclats. Ces derniers entrent en masse dans les **sections**\* parisiennes et en font un lieu permanent d'agitation. Tous prennent les armes et le suffrage universel est déjà dans les faits.

Les armées des monarchies avancent vers Paris. Rédigé par un émigré sur la demande de la reine et signé du duc de Brunswick, un manifeste au nom des armées autrichienne et prussienne le 25 juillet 1792 promet, entre autres gracieusetés, la destruction de Paris :

« La ville de Paris et tous ses habitants sans distinction seront tenus de se soumettre sur-le-champ et sans délai au roi, de mettre ce prince en pleine et entière liberté, et de lui assurer, ainsi qu'à toutes les personnes royales, l'inviolabilité et le respect auxquels le droit de la nature et des gens oblige les sujets envers les souverains [...] si le château des Tuileries est forcé ou insulté, [...] s'il est fait la moindre violence, le moindre outrage à leurs Majestés, le roi, la reine et la famille royale, s'il n'est pas pourvu immédiatement à leur sûreté, à leur conservation et à leur liberté, elles en tireront une vengeance exemplaire et à jamais mémorable, en livrant la ville de Paris à une exécution militaire et à une subversion totale, et les révoltés coupables d'attentats aux supplices qu'ils auront mérités. »

Quand il est connu à Paris, ce texte n'a comme effet que d'exacerber les patriotes. Affluent de toute la France, à pied, les volontaires que l'on appelle les « fédérés ». Parmi eux, les Marseillais qui vont donner leur nom au chant de guerre qui les annonce. Fin juillet, ils sont plusieurs milliers dans Paris où ils fraternisent avec les sans-culottes des faubourgs. Ils veulent en découdre. Robespierre, le 29 juillet, en proposant la déchéance du roi et l'élection d'une Convention au suffrage universel donne aux uns et aux autres le programme qui manquait. Il prend aussi le contre-pied des dirigeants girondins qui ne veulent pas d'un affrontement direct. Les **fédérés**\* constituent un directoire secret. Au nom de 47 des 48 sections de Paris, Pétion qui, bientôt, va regretter son audace demande la déchéance du roi. L'Assemblée hésite.

L'une après l'autre (et parfois non sans réticence), les sections parisiennes reprennent la demande de déchéance et se tournent vers l'Assemblée pour qu'elle s'y associe. L'ultimatum ne convainc pas. C'est à la force autonome des sections et des fédérés d'agir. Ils se sont concertés depuis plusieurs jours. Dans la nuit du 10 août, le tocsin sonne et les élus des sections constituent une **Commune**\* insurrectionnelle, d'abord parallèle puis substituée à l'institution légale, qui organise la marche des faubourgs et des sections sur les Tuileries.

Les Suisses qui défendaient les Tuileries tirent par surprise sur la foule qui avançait dans la cour, provoquant de nombreux morts entraînant leur massacre pour cette apparente trahison. Le roi et sa famille se sont réfugiés auprès de l'Assemblée qui proclame la suspension de celui-ci – comme si elle avait pu faire autre chose – et sa dispersion au profit d'une Convention élue au suffrage universel, reconnaissant son dépassement.

La monarchie et ses partisans directs (**Feuillants\***) sont tombés ; les réels vainqueurs ne sont pas les girondins, pourtant adversaires de la monarchie, que, plus résolus, les **sans-culottes\***, les **fédérés\*** et les **Jacobins\***.

# 3

## La démocratie révolutionnaire

Avec l'effondrement d'une monarchie millénaire, une France nouvelle commence. On est coincé entre une monarchie morte et une Convention future. Cet interrègne est, de plus, marqué par les rivalités entre une Assemblée législative sur sa fin et une Commune de Paris victorieuse. Sur l'autre bord, commencent les révoltes armées royalistes, encore limitées. Pour régler les affaires courantes, l'Assemblée élit un conseil exécutif avec le **girondin\*** Roland à l'Intérieur et Danton, un des hommes du 10 août, à la Justice. Le conflit va tourner entre ces deux hommes et surtout entre les forces qui se reconnaissent en eux. L'Assemblée considère comme illégitime la Commune insurrectionnelle dont Robespierre devient, de fait, le porte-parole et elle cherche sa dissolution.

Les nouvelles militaires ne sont pas meilleures depuis le 10 août, bien au contraire. Lafayette a essayé de faire marcher les troupes contre Paris – après l'échec, il rejoint les Autrichiens qui, d'ailleurs, l'emprisonnent – et les villes qui jalonnent Paris tombent l'une après l'autre : Longwy, Verdun malgré son commandant. Le tocsin sonne en permanence.

C'est à Danton que revient le mérite de prononcer un discours – le 2 septembre 1792, dans une dernière séance de l'assemblée législative – qui galvanise les énergies au moment où Roland et ses amis proposent de quitter Paris :

« Une partie du peuple va se porter aux frontières, une autre va creuser des retranchements et la troisième, avec des piques défendra l'intérieur de nos villes. Paris va seconder ses grands efforts. Les commissaires de la commune vont proclamer, d'une manière solennelle, l'invitation aux citoyens de s'armer et de marcher pour la défense de la patrie. [...] Nous demandons que quiconque refusera de servir de sa personne, ou de remettre ses armes, soit puni de mort. [...]. Le toscin qu'on va sonner n'est point un signal d'alarme, c'est la charge sur l'ennemi de la patrie. Pour les vaincre, Messieurs, il nous faut de l'audace, encore de l'audace, toujours de l'audace, et la France est sauvée. »

Dans cette ambiance terrible, commencent les « massacres de septembre », assurément une page sombre de la Révolution, qui s'explique par l'absence totale d'autorité, par la crainte réelle de trahisons tout autant réelles, par la peur de l'invasion qui s'avance. Plus d'un millier de prisonniers sont, pour certains, exécutés après un jugement rapide et, pour d'autres, assassinés sans phrase. Roland s'en désintéresse, Danton ne dit rien. Marat justifie et Robespierre condamne. Marat et Robespierre vont être amenés à porter le fardeau parce que, eux, se sont expliqués.

La Convention est élue au suffrage universel à deux degrés dans des circonstances qui favorisent l'abstention. Elle est composée de bourgeois pour l'essentiel, surtout des avocats, quelques anciens prêtres ou évêques dont le plus connu est l'abbé Grégoire, des anciens nobles mais peu d'hommes du peuple (artisans, ouvriers, paysans) sauf l'ancien ouvrier Armonville. Un Anglo-Américain, Payne, y est élu, preuve que la Révolution se veut universelle.

Le groupe le plus connu est celui des girondins avec des avocats comme Vergniaud et quelques négociants. Un certain talent oratoire leur est, en général, reconnu. À eux s'opposent les **Montagnards*** qui sont, à quelques exceptions près, tels Marat, Robespierre et Danton, peu connus. Leur géographie politique est celle de Paris et des départements des frontières menacés par l'invasion. La **Plaine*** (ou le « Marais ») constitue le gros de l'assemblée, fluc-tuant mais désirant sérieusement la victoire des idées nou-velles, formée de députés de province. Ce n'est pas telle-ment par leurs origines sociales qu'ils se différencient les uns des autres que par leur formation, leur choix politique, presque leur tempérament. Les girondins ne veulent pas céder au peuple des villes et des campagnes ; par inclinai-son ou par pragmatisme, les Montagnards savent que la Révolution ne peut gagner sans cet appui. Girondins et Montagnards sont nombreux à être inscrits au club des **Jacobins**\* avant qu'une vague d'exclusions ne chasse les premiers.

Pendant ce temps, la forte armée prussienne et autri-chienne progresse inexorablement vers Paris. Les volontai-res, accourus de toute la France pour sauver la Révolution, reprennent leur marche. Le choc a lieu le 20 septembre : Valmy. Une armée de bric et de broc qui voit le feu pour la première fois ne plie pas une journée entière sous les salves d'artillerie de la meilleure armée du monde. À juste titre, l'épisode est connu : sous le feu, le général Keller-mann brandit son chapeau à la pointe de son épée en criant « Vive la Nation ! », cri répété sur tout le front de l'armée. Et ce sont les armées monarchistes, éberluées, qui sont secouées et qui reculent. Goethe, à la clairvoyance égale au génie, aurait affirmé : « D'aujourd'hui et de ce lieu date une ère nouvelle dans l'histoire du monde. »

Le même jour, autre coup de tonnerre, la Convention ouvre ses travaux. Le lendemain, la Convention proclame l'abolition de la Monarchie. Le 22 septembre, la Républi-que entre dans l'histoire de France : le député Billaud-Varenne demande que les actes publics soient datés de « l'an I de la République ».

Les Montagnards veulent l'unité de la Convention pour sauver la Révolution. Telle n'est pas l'opinion des giron-dins, ivres d'une victoire pour laquelle ils n'ont pas com-battu, et qui cherchent l'élimination des chefs Monta-gnards. Par leurs outrances, ils mettent en danger la Révolution. Danton lance : « Ce ne sera pas sans frémir

que les Autrichiens apprendront cette sainte harmonie. »
Robespierre prend la parole : « Déclarons que la République française formera un État unique, soumis à des lois constitutionnelles, uniformes. » Un député de la Plaine, future figure de la Montagne, Couthon, propose un bref décret voté à l'unanimité (girondins compris) : « la République est une est indivisible. » (25 septembre)

Abolir la monarchie, entrer en république, proclamer celle-ci « une et indivisible » sont des choses essentielles mais c'est aussi ne pas répondre à la question : « que faire du roi ? ».

Et sur cette question, les réponses divergent. Les girondins estiment, dans un premier temps qu'un procès va tourner à l'avantage du roi et, donc, du leur et qu'il va sceller une forme de réconciliation. Marat est pour un tel procès : le roi doit être puni. Robespierre se distingue par une argumentation forte tant politiquement que juridiquement. Si le roi est accusé, il est, en bonne logique judiciaire, présumé innocent ; mais s'il est innocent, le peuple qui l'a déchu le 10 août est coupable. Or, Robespierre, parce qu'il est un révolutionnaire, ne condamne jamais le peuple. Accusé de vouloir la dictature par des girondins insatiables, il prononce le 25 octobre un discours justifiant les actions révolutionnaires :

> « Toutes ces choses étaient illégales, aussi illégales que la révolution, que la chute du Trône et de la Bastille, aussi illégales que la liberté elle-même. On ne peut vouloir une révolution sans révolution. »

Car, le problème est là. Comment assurer le triomphe de la Révolution sans moyens révolutionnaires ?

Pendant ce temps, les attaques des girondins contre Danton (dont la gestion de son ministère n'est pas exempte de reproche) aboutissent à l'affaiblissement de ce dernier qui menait une politique d'union et qui va se détourner de ses accusateurs.

La mise en accusation du roi commence. Les discours de Saint-Just (« on ne peut régner innocemment ») le

13 novembre et de Robespierre (« Louis doit mourir parce qu'il faut que la patrie vive ») le 3 décembre posent la question de fond : l'incompatibilité de la monarchie, donc du roi, avec le nouvel ordre. La découverte de « l'armoire de fer » (20 novembre) aux Tuileries contenant la correspondance secrète du roi prouve ses liens avec les monarchies européennes, les émigrés et certains hommes politiques achetés, comme Mirabeau. Le procès devenu inévitable commence le 11 décembre. Le roi et ses défenseurs se défendent vaille que vaille : « Je cherche parmi vous des juges et je ne vois que des accusateurs », dit, non sans raison, un de ses avocats. Juger Louis XVI ne pouvait pas ne pas aboutir à son exécution et les pâles arguties de certains girondins ne font qu'accroître la tension.

Un d'entre eux propose d'en appeler au peuple. Cela ne tient pas : la Convention a été élue pour sauver le pays ; en appeler au peuple, c'est désavouer le 10 août qui a conduit à l'élection de la Convention, c'est une forme de suicide politique. Barère, qui va incarner jusqu'en 1799 la voix de la bourgeoisie révolutionnaire, fait rejeter l'appel au peuple. La culpabilité du roi est votée par l'ensemble des présents (707) et le chiffre terrible de zéro voix contre. Roi coupable de conspiration, quelle peut être la sanction ?

Certains, par principe, sont opposés à la peine de mort, comme le philosophe Condorcet. D'autres refusent de rompre totalement avec l'Ancien Régime. Le vote a lieu à haute voix, procédure nominale que Marat a obtenue. Il semble à certains une pression ; en fait, sur un sujet d'une telle importance, il est normal de savoir l'opinion de chacun. Un autre girondin propose (alors que la mort n'est pas encore votée) le sursis, ce qui est une nouvelle temporisation et, surtout, un encouragement à la contre-révolution de tout faire pour sauver Louis XVI. La mort est votée à la majorité (même si on déduit les partisans du sursis), puis, le sursis est nettement rejeté.

L'exécution a lieu le 21 janvier, place de la Révolution (actuelle place de la Concorde) et la tête du roi est montrée à la foule qui applaudit. Le lendemain du verdict, Michel

Lepeletier de Saint-Fargeau, député montagnard, ami de Robespierre, est poignardé par un royaliste ; c'est le « premier martyr de la Liberté ». Tous ont le sentiment que quelque chose de définitif s'est cassé. Le monarque divin et, donc, la monarchie de droit divin ne sont plus. Le Montagnard Lebas écrit à son père « il faut aller de l'avant, bon gré mal gré ».

Les opérations militaires qui ne cessent pas sont confuses. La victoire de Jemmapes (6 novembre 1792) avait donné la Belgique. Nice, le Rhin, la Savoie tombent aux mains des Français. Mais ce succès est prématuré, trop fragile et ambigu. Il est aussi une menace directe contre le commerce anglais. Apparaît alors la théorie des « frontières naturelles » du pays qui correspond aux besoins expansionnistes de la bourgeoisie. À cette théorie se superpose (en la contredisant aussi) la déclaration généreuse de la Convention du 19 novembre :

> « La Convention française déclare au nom de la nation française qu'elle accordera fraternité et secours à tous les peuples qui voudront recouvrer leur liberté et charge le pouvoir exécutif de donner aux généraux les ordres nécessaires pour porter secours à ces peuples et défendre les citoyens qui auraient été vexés ou qui pourraient l'être pour la cause de la liberté. »

Les textes sont une chose, la guerre en est une autre. La Belgique doit être évacuée. Tour à tour, les puissances européennes entrent en guerre contre la France révolutionnaire : l'Angleterre le 1er février (déclaration de guerre par la Convention, sous influence des girondins décidément incorrigibles), la Hollande le même jour, l'Espagne le 18 mars, le 22 mars les princes allemands puis les États italiens (sauf Gênes et Venise) et le Portugal. C'est la première coalition.

Un front nouveau s'ouvre quand, en janvier, le diplomate français de Bassville est assassiné à Rome par des émeutiers contre-révolutionnaires qui essayent de mettre le feu

## La France assiégée en 1793

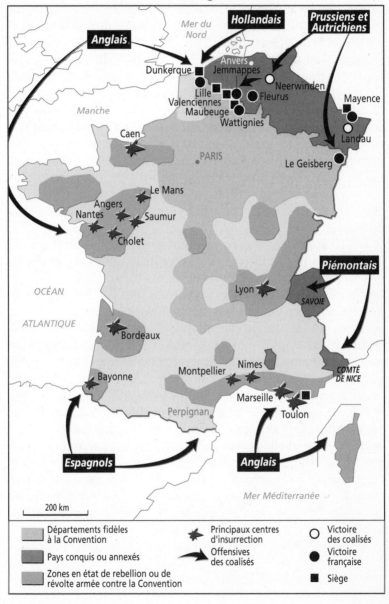

Mer du Nord

**Anglais**

**Hollandais**

**Prussiens et Autrichiens**

Manche

Dunkerque
Anvers
Jemmappes
Neerwinden
Lille
Fleurus
Valenciennes
Maubeuge
Wattignies
Mayence
Landau

Caen

PARIS

Le Geisberg

Le Mans
Angers
Nantes
Saumur
Cholet

OCÉAN

ATLANTIQUE

**Piémontais**

Lyon

SAVOIE

Bordeaux

Montpellier
Nimes
Bayonne
Marseille
Perpignan
Toulon

COMTÉ DE NICE

**Espagnols**

**Anglais**

Mer Méditerranée

200 km

| | | |
|---|---|---|
| Départements fidèles à la Convention | Principaux centres d'insurrection | Victoire des coalisés |
| Pays conquis ou annexés | Offensives des coalisés | Victoire française |
| Zones en état de rebellion ou de révolte armée contre la Convention | | Siège |

au quartier juif de la ville. La Convention décide la levée de 300 000 hommes (24 février) après l'**amalgame militaire\*** (7 février) pour résoudre le problème de la coexistence au sein d'une même armée d'unités de volontaires et d'unités de professionnels. En effet, une bonne partie de l'armée s'est débandée après la libération du territoire. En outre, Dumouriez joue au général politique et menace la Convention ; les agissements de certains fonctionnaires pillards découragent les habitants des pays libérés. Le conflit est double : interne entre girondins et Montagnards, externe avec la guerre, chacun nourrissant l'autre. Des troubles nouveaux apparaissent dans l'Ouest, notamment en Vendée. Ces émeutes sont le fait de paysans ou de clients de l'ancienne noblesse refusant de quitter les villages ; elles vont peu à peu prendre un tour royaliste prononcé.

Le 10 mars, est votée la création d'un tribunal qui va s'appeler « révolutionnaire » ; réminiscence ou remords des massacres de Septembre, Danton explique : « soyons terribles pour dispenser le peuple de l'être ». Après la défaite de Neerwinden (18 mars), toutes les conquêtes sont perdues et le territoire national se retrouve menacé. Dumouriez, choyé par les girondins, choisit ce moment pour la trahison, après avoir essayé un coup d'État, comme Lafayette, et, comme lui, rejoint les Autrichiens. C'est un coup terrible pour les girondins (4 avril). Dans la foulée, le comité de défense générale, impuissant, se transforme en Comité de salut public, restreint et aux séances non publiques (6 avril) ; ce nom va devenir synonyme de révolution agissante. Pour se défendre, les girondins bafouant l'immunité parlementaire traduisent Marat au tribunal révolutionnaire. Celui-ci est acquitté le 24 avril, mais les amis de Brissot ont, les premiers, déféré un député au tribunal. Ils ignorent qu'ils vont suivre.

Alors que Robespierre affirme le 2 décembre 1792 :

> « La première loi sociale est donc celle qui garantit à tous les membres de la société les moyens d'exister ; toutes les autres sont subordonnées à celle-là. »

Pétion prend la succession de l'abbé Maury et de Barnave, défenseurs en leur temps des propriétés, et affirme dans une « Lettre aux Parisiens » publiée fin avril :

> « Vos propriétés sont menacées et vous fermez les yeux sur le danger. On excite la guerre entre ceux qui ont et ceux qui n'ont pas et vous ne faites rien pour la prévenir. »

Le conflit est ouvertement social : d'un certain point de vue, la Révolution française, archétype de révolution bourgeoise, s'est faite contre la bourgeoisie, grâce au petit peuple des villes et des campagnes. Car la crise est là ; elle est là dans les campagnes où les petits paysans ne peuvent survivre, où les paysans aisés qui commencent à profiter des **biens nationaux**\* doivent assurer le maintien de ceux-ci ; dans les villes où l'effondrement des **assignats**\* et l'augmentation du coût de la vie entraînent une crise des subsistances, où les villes ne peuvent survivre qu'en exerçant la contrainte à la fois sur les marchands et sur les campagnes.

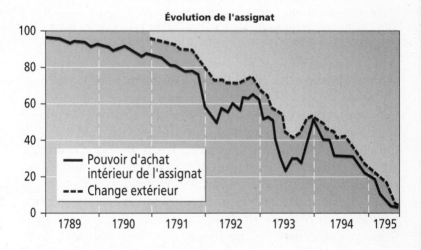

**Évolution de l'assignat**

Cette contrainte s'exerce de manière empirique (ô combien !) par le pillage des magasins et par la pression politique sur les dirigeants. La Convention vote, sous l'influence des girondins et malgré Marat et Robespierre, la condamnation de la « loi agraire » (18 mars), soit le partage égal de toutes les propriétés, ce qui, économiquement, est une aberration, mais surtout, indique le degré d'inquiétude des propriétaires. La solution, pour le moment, est la taxation, la réquisition et le contrôle, c'est-à-dire une économie dirigée. Robespierre cherche, comme pour le 10 août, le soutien des sans-culottes (et réciproquement).

Les sections de Paris sont le théâtre d'une lutte violente où les **comités révolutionnaires\*** créés le 21 mars jouent un rôle de plus en plus important ; mais si les modérés sont battus dans la capitale, à Marseille comme à Lyon, alliés aux royalistes, ils l'emportent.

À une délégation de la Commune de Paris, venue demander la libération de certains de ses militants, le girondin Isnard répond par une violente déclaration le 25 mai :

> « Si jamais la Convention était avilie, si jamais... il arrivait qu'on portât atteinte à la représentation nationale, je vous le déclare au nom de la France entière, Paris serait anéanti ; bientôt on chercherait sur les rives de la Seine si Paris a existé. »

Ce « Manifeste de Brunswick » girondin choque profondément.

Comme pour le 10 août, un comité insurrectionnel se forme avec des représentants de 33 sections de Paris et des représentants des Jacobins. Il dissout la Commune de Paris, puis la réintègre aussitôt dans ses fonctions, manœuvre à la fois osée et habile, pour bien indiquer que cette dernière n'a de légitimité que populaire et insurrectionnelle. Après une première tentative le 31 mai, où la Convention écarte les pétitions des insurgés, le 2 juin, 80 000 hommes en armes encerclent la Convention et obtiennent l'arrestation à domicile de 29 députés girondins, les plus importants. C'est un nouveau tournant dans l'histoire de la révolution : l'alliance des Jacobins, des Montagnards et des sans-culottes a éliminé la Gironde.

Les girondins ne sont pas tous arrêtés, loin s'en faut, et les deux tiers de ceux qui étaient consignés dans leurs appartements s'enfuient en province où ils vont allumer la révolte fédéraliste en Normandie comme Buzot et Pétion, à Marseille comme Barbaroux. À Caen, ils forment une armée qui veut marcher sur Paris. À Lyon, le maire jacobin Chalier a été arrêté et guillotiné, la ville est en rébellion ouverte. La révolte vendéenne progresse depuis le printemps, elle est devenue plus efficace et plus structurée ; elle atteint Angers le 18 juin. La petite paysannerie hostile à la bourgeoisie des villes en fournit les troupes.

Ces trois types de révolte se superposent et se nourrissent mutuellement : l'ennemi, c'est la Convention montagnarde. Mais parfois aussi, elles s'annihilent. Ainsi à Marseille, les girondins sont vite éliminés par les royalistes. L'été 1793 est des plus tragiques : 60 départements sont en révolte contre la Convention. Il faut l'énergie des révolutionnaires de la vallée du Rhône pour empêcher la jonction entre Lyon et Marseille. Bordeaux est aux mains des révoltés fédéralistes, Nantes est assiégé par les Vendéens le 28 juin, Toulon se révolte le 12 juillet et fait appel à la marine anglaise, la Corse entre en dissidence. Mais il ne s'agit pas que de la guerre civile : Mayence capitule le 23 juillet et Valenciennes le 28. La France révolutionnaire n'est plus qu'une forteresse assiégée.

Les décisions politiques contre les girondins ne sont pas suivies des décisions sociales attendues désespérément par les sans-culottes affamés. Le 23 juin, l'**Enragé\*** Jacques Roux lit une pétition à la Convention, dite « manifeste des Enragés » :

> « La liberté n'est qu'un vain fantôme quand une classe d'hommes peut affamer l'autre impunément. L'égalité n'est qu'un vain fantôme quand le riche, par le monopole, exerce le droit de vie et de mort sur son semblable. La république n'est qu'un vain fantôme quand la contre-révolution opère, de jour en jour, par le prix des denrées, auquel les trois

quarts des citoyens ne peuvent atteindre sans verser des larmes [...]. »

Il s'attire une volée de bois vert. Incompréhension réciproque qui va s'accentuer jusqu'à l'arrestation et le suicide en prison de Jacques Roux. La faim va être le fil conducteur des sans-culottes, de leur agitation jusqu'à la poussée populaire de début septembre et l'obtention du « maximum ».

Pour contenir les attaques internes et pour rassembler les républicains, la Convention se dote d'une Constitution, dite de 1793 (24 juin). Elle est le fruit des discussions du printemps, des réflexions de Robespierre, notamment celles du discours du 10 mai 1793 qui est un des textes fondant la démocratie politique :

« Fuyez la manie ancienne des gouvernements de vouloir trop gouverner : laissez aux individus, laissez aux familles le droit de faire ce qui ne nuit point à autrui ; laissez aux communes le pouvoir de régler elles-mêmes leurs propres affaires en tout ce qui ne tient pas essentiellement à l'administration générale de la République... Je veux que tous les fonctionnaires publics nommés par le peuple puissent être révoqués par lui, selon les formes qui seront établies, sans autre motif que le droit imprescriptible qui lui appartient de révoquer ses mandataires. »

Rédigée dans l'urgence, la Constitution est courte (124 articles souvent d'une phrase) et elle est précédée d'une déclaration des droits qui proclame le droit à l'insurrection, qui rend légitimes après coup le 10 août et le 2 juin. Elle ne sera jamais appliquée en raison des circonstances, mais elle préfigure sur beaucoup d'aspects la démocratie sociale :

« Déclaration des droits :
Article 25.
La souveraineté réside dans le peuple ; elle est une et indivisible, imprescriptible et inaliénable...

Article 35.

Quand le gouvernement viole les droits du peuple, l'insurrection est pour le peuple, et pour chaque portion du peuple, le plus sacré des droits et le plus indispensable des devoirs. »

« Constitution :

Article 122.

La Constitution garantit à tous les Français l'égalité, la liberté, la sûreté, la propriété, la dette publique, le libre exercice des cultes, une instruction commune, des secours publics, la liberté indéfinie de la presse, le droit de pétition, le droit de se réunir en sociétés populaires, la jouissance de tous les droits de l'homme. »

En quelques semaines, la Convention promulgue trois grandes lois visant à établir la Révolution dans les campagnes : le 3 juin (lendemain de l'élimination de la Gironde – et ce n'est pas un hasard), les biens des émigrés sont divisés en petits lots payables en dix ans ; le 10 juin, la Convention partage les **biens communaux\*** ; le 17 juillet, elle abolit sans indemnité toutes les redevances seigneuriales. Que ces textes aient partout été suivis d'effet reste encore à démontrer.

Après avoir affirmé la Révolution dans les campagnes, la Convention appelle les Français (essentiellement des paysans) à la « **levée en masse\*** » (23 août) formulée ainsi dans un discours de Barère :

« Dès ce moment, jusqu'à celui où les ennemis auront été chassés du territoire de la république, tous les Français sont en réquisition permanente pour le service des armées [...]. »

La Révolution a maintenant un texte fondateur, une assemblée tendue vers la victoire, une politique sociale au moins dans les déclarations, une armée en formation ; elle a aussi, devant elle, de lourdes tâches. Il lui faut une direction homogène. Le 10 juillet, le **Comité de salut public\*** est renouvelé ; avec l'adjonction de Robespierre le 27 juillet, de Carnot mi-août, de Collot d'Herbois et Billaud-Varenne début septembre, il est au complet. Il va entrer dans l'Histoire sous le nom (justifié) de « Grand comité de salut public ». Ses membres sont, outre ceux déjà nommés, Barère, Lindet, Jean-Bon Saint-André, Prieur de la Marne, Prieur de la Côte d'Or, Saint-Just, Couthon (tous deux proches de Robespierre). S'ils ne sont pas d'accord sur tout : Carnot est un modéré alors que Billaud-Varenne et Collot passent pour être proches des sans-culottes, leur énergie et leur puissance de travail vont diriger le pays vers le triomphe de la Révolution. Alors, ils n'auront plus qu'à disparaître.

Mais la disparition n'est pas seulement au futur : le 13 juillet, à son domicile, Marat est assassiné par une jeune femme, Charlotte Corday, venue de Normandie où les girondins réfugiés l'ont conseillée. La Révolution est privée d'un chef, lucide et populaire. Corday sera guillotinée ; l'émotion populaire est importante puisque la contre-révolution peut frapper un dirigeant jusqu'en plein Paris révolutionnaire. À Paris, justement, tout l'été, la crise des subsistances se poursuit entraînant l'agitation populaire où Enragés et Hébertistes se distinguent. Hébert, dirigeant de la Commune de Paris, écrit dans le numéro 279 de son journal *Le Père Duchesne* :

> « La patrie, foutre, les négociants n'en ont point. Tant qu'ils ont cru que la révolution leur serait utile, ils l'ont soutenue ; ils ont prêté la main aux sans-culottes pour détruire la noblesse et les parlements ; mais c'était pour se mettre à la place des aristocrates. »

Les sections grondent et quand arrive la nouvelle de la livraison de Toulon aux Anglais, une nouvelle journée insurrectionnelle éclate le 4 septembre et, le lendemain, la foule des sans-culottes armés est devant la Convention où elle réclame la **Terreur**\*, l'envoi d'une armée révolutionnaire dans les campagnes pour assurer le ravitaillement et le « maximum » (limitation des prix et des salaires). Petit à petit, ces mesures sont prises, depuis la loi prévoyant l'arrestation des suspects (dont la définition est large) le

17 septembre jusqu'au maximum voté par la Convention le 29.

D'autres procès ont lieu, suivis de l'exécution de la reine, de certains girondins, de Barnave, de Bailly. On élimine brutalement tout ce qui pourrait donner un état-major aux adversaires de la Convention. C'est la Terreur.

La victoire commence à sourire aux troupes républicaines : Lyon capitule le 9 octobre, le général Jourdan bat les Autrichiens à Wattignies le 16, et le lendemain Kléber et Marceau, généraux de la Révolution, écrasent les Vendéens à Cholet. Cela signifie-t-il que fin 1793 la victoire est assurée ? Ce n'est pas l'opinion des contemporains et on ne peut leur donner tort.

La reconquête, qui s'accompagne de la réorganisation et de représailles, commence. Elle est terrible, à la hauteur des craintes de voir l'Ancien Régime revenir et des exactions de ses partisans. L'échafaud se profile dans tout le pays. Carrier à Nantes, Fouché à Lyon, Tallien à Bordeaux, Barras à Toulon se comportent les uns comme des voleurs, les autres comme des criminels, parfois les deux en même temps.

Mais d'autres conventionnels – la majorité en fait – ne sont pas faits de ce métal : Drouet, fait prisonnier par les Autrichiens, se brise les jambes en cherchant à s'évader, Chasles est grièvement blessé sur le champ de bataille, Levasseur de la Sarthe voit à la bataille de Hondschotte son cheval tué sous lui, Saint-Just dort au milieu des soldats et charge avec eux, Gasparin meurt d'épuisement, Lindet luttant contre les girondins de l'Ouest ne procède à aucune condamnation à mort.

La Vendée et les départements alentour s'enfoncent dans la guerre civile où les massacres répondent aux atrocités. On s'interroge aujourd'hui encore avec plus ou moins de bonne foi sur le nombre de victimes. Ce qui ne fait pas question est le sens du combat : la République et l'égalité des droits d'un côté, la monarchie et l'inégalité de l'autre.

La Terreur est, certes, un élément essentiel de la période, mais il n'est pas le seul. Deux autres phénomènes résument aussi la Convention robespierriste : la démocratie révolutionnaire et les réalisations de l'assemblée.

Cette démocratie révolutionnaire s'exerce de manière réciproque. La Convention est le « seul centre d'unité », elle délègue ses pouvoirs au Comité de salut public qui lui en rend compte. Les patriotes se regroupent dans des **sociétés populaires**\*, des clubs notamment les filiales des Jacobins avec la société mère à Paris (où Robespierre vient quasi quotidiennement faire état des activités de la Convention) pour ce qui concerne les regroupements par affinités. Administrativement, la base est la section et son assemblée générale qui se réunit souvent « en permanence » ; elles peuvent procéder à des « fraternisations » entre elles pour se porter secours ; elles élisent des commissaires révolutionnaires qui agissent directement en relation avec le Comité de sûreté générale, autre émanation de la Convention. C'est ici que se retrouvent les sans-culottes, caractérisés ainsi par un texte anonyme de l'été 1793 :

> « Qu'est-ce qu'un sans-culotte ? C'est un être qui va toujours à pied, qui n'a point de millions, comme vous voudriez tous en avoir, point de château, point de valets pour le servir, et qui loge tout simplement avec sa femme et ses enfants, s'il en a, au quatrième et au cinquième étage ; il est utile, car il sait labourer un champ, forger, scier, limer, couvrir un toit, faire des souliers et verser jusqu'à la dernière goutte de son sang pour le salut de la République. »

Cette démocratie est encouragée par les Montagnards : « le peuple n'a qu'un ennemi, c'est son gouvernement », disait Saint-Just, ou théorisée par eux, comme on l'a vu avec Robespierre. Elle s'épuisa peu à peu dans les luttes fratricides, l'effort de guerre et la lutte pour la vie. Pour les mêmes raisons et, aussi, par la centralisation voulue par le Comité de salut public, la nomination remplaça l'élection, ce qui lui fut un rude coup.

Quant aux réalisations de la Convention (pas seulement la Convention « robespierriste »), c'est le grand Victor

Hugo qui, mieux qu'un témoin, mieux qu'un historien, les a résumées dans *Quatre-vingt-treize* :

> « La Convention promulguait ce grand axiome "la liberté du citoyen finit où la liberté d'un autre citoyen commence" ; ce qui résume en deux lignes toute la sociabilité humaine. Elle déclarait l'indigence sacrée ; elle déclarait l'infirmité sacrée dans l'aveugle et dans le sourd-muet devenus pupilles de l'État, la maternité sacrée dans la fille-mère qu'elle consolait et relevait, l'enfance sacrée dans l'orphelin qu'elle faisait adopter par la patrie, l'innocence sacrée dans l'accusé acquitté qu'elle indemnisait. Elle flétrissait la traite des noirs ; elle abolissait l'esclavage. Elle proclamait la solidarité civique. Elle décrétait l'instruction gratuite. Elle organisait l'éducation nationale par l'école normale à Paris, l'école centrale au chef-lieu, et l'école primaire dans la commune. »

Un échange lapidaire, peut-être le plus dramatique de toute la période, résume à lui seul l'intensité de la situation ; le 18 juin 1793, quand il est proclamé que la paix ne sera pas faite avec quelqu'un qui occupe le territoire, le girondin Mercier – car il y a encore des girondins à la Convention après le 2 juin – s'exclame « avez-vous fait un pacte avec la victoire ? », le Montagnard Basire répond « nous en avons fait un avec la mort ! ». La seule alternative à la victoire était la mort. Comme l'application de la Constitution est impossible du fait de la guerre étrangère et de la guerre civile, le Comité de salut public imagine le fonctionnement du « Gouvernement révolutionnaire jusqu'à la paix » (10 octobre). Billaud-Varenne le décrit ainsi :

> « Le gouvernement sera terrible pour les conspirateurs, coercitif envers les agents publics, sévère pour les prévarications, redoutable aux méchants, protecteur des opprimés, inexorable aux oppresseurs, favorable aux patriotes, bienfaisant pour le peuple. »
>
> (Rapport du 18 novembre 1793).

Plus prosaïquement, les textes affirment :

« Tous les corps constitués et les fonctionnaires publics sont mis sous l'inspection immédiate du Comité de salut public. »

(Décret du 14 frimaire an II, 4 décembre 1793).

Ce gouvernement doit donc fonctionner sur un équilibre en mouvement ; il lui faut empêcher toute rupture ou tout déplacement du centre de gravité du front révolutionnaire qui menace cet équilibre fragile.

Les « Hébertistes » appelés assez incorrectement du nom d'Hébert, qui se prit pour leur chef, sont des extrémistes pour qui il faut révolutionner en tout temps. Sensibles aux revendications populaires, il leur arrive, surtout à Hébert, de verser dans la démagogie et la facilité. Ceux qui se reconnaissent dans ce groupe ont, souvent, joué un rôle important dans les insurrections jusqu'au 5 septembre 1793. Par ailleurs, n'ayant pas de programme cohérent, ils ne forment pas un groupe cohérent, notamment en province. Le 4 mars (14 ventôse) ils appellent à l'insurrection contre le Comité de salut public.

Les Dantonistes sont, à la fois, compromis dans de nombreux scandales financiers et partisans d'une politique d'indulgence. Danton est le dénominateur commun entre ces deux attitudes liées : il est devenu le symbole d'une partie de la bourgeoisie commerçante qui veut profiter de la victoire pour s'enrichir et, en même temps, en finir avec la Terreur. Ainsi, en décembre 1793, C. Desmoulins lance le journal *Le Vieux Cordelier*, où il dénonce avec force les excès de la Révolution et appelle à la formation d'un « comité de clémence ».

« Exagérés » et « Indulgents » semblent être les deux branches de la tenaille qui va broyer le gouvernement révolutionnaire là où la coalition de douze armées appuyées par les émigrés, l'Ancien Régime, les girondins, les Vendéens, tous ensemble n'avaient pu le faire.

Pour une fois, écartons-nous de la volonté délibérée de ne citer ici aucun historien pour laisser la parole à *L'Histoire socialiste de la Révolution française* de Jaurès, qui n'est pas – il est vrai – n'importe quel historien :

> « Quand un grand pays révolutionnaire lutte à la fois contre les factions intérieures armées, contre le monde, quand la moindre hésitation ou la moindre faute peuvent compromettre pour des siècles peut-être le destin de l'ordre nouveau, ceux qui dirigent cette entreprise immense n'ont pas le temps de rallier les dissidents, de convaincre leurs adversaires... ils demandent à la mort de faire autour d'eux l'unanimité immédiate dont ils ont besoin. »

Hébert et ses amis sont arrêtés et exécutés le 24 mars (4 germinal) sans que le Paris révolutionnaire bronche ; le 6 avril (16 germinal) c'est au tour de Danton, Desmoulins et leurs amis. Peu après, d'autres proches de ces deux groupes sont éliminés dont Chaumette. Paris ne dit toujours rien : le silence est accablant, l'énergie révolutionnaire reflue.

Un autre combat avait dressé les révolutionnaires entre eux. Fonder un monde neuf, c'est le fonder entièrement. Le catholicisme n'étant plus la religion officielle, on change de prénom : les « Brutus » et « Diogène » fleurissent. On change de calendrier ; le conventionnel Romme imagine de faire commencer l'année le 22 septembre, avec la République et d'entamer une ère nouvelle avec 1793 posé comme l'an I ; c'est le calendrier républicain que Fabre d'Églantine va modifier et faire connaître (24 octobre). Pour beaucoup, cela ne suffit pas. Il faut détruire l'Église catholique et le christianisme, contre les partisans de l'Ancien Régime, pour l'expropriation de l'ordre qui possédait 10 % du foncier, et, enfin, suite à une poussée rationaliste « contre le fanatisme ». Certains conventionnels forcent les prêtres à abjurer et à se marier (quelques-uns n'attendaient que cela, d'ailleurs) ; les églises sont fermées, des mascarades anti-religieuses sont organisées. Fouché fait écrire

« la mort est un sommeil éternel » à l'entrée des cimetières (10 octobre). Bien plus matérialiste et radical, Robespierre lui répond « la mort est le commencement de l'immortalité ». Cette agitation, réelle dans certains endroits, agace beaucoup parce qu'elle risque de faire basculer les croyants contre la Révolution. Le Comité de salut public rappelle la liberté de culte et condamne la **déchristianisation*** (16 frimaire, 6 décembre 1793).

Il faut moraliser la vie publique en associant définitivement le petit peuple à la révolution ; c'est le sens des décrets de ventôse (8 et 13 ; 26 février et 3 mars 1794) qui confisquent les biens des suspects et les distribuent aux patriotes indigents. Démocratie sociale à la fois vague, utopique et chaotique, mais qu'importe ! C'est une économie dirigée qui fait fonctionner le pays. Au nom du Comité de salut public, Saint-Just affirme le 13 ventôse (3 mars) :

> « L'opulence est entre les mains d'un assez grand nombre d'ennemis de la Révolution, les besoins mettent le peuple qui travaille dans la dépendance de ses ennemis... Les malheureux sont les puissances de la terre, ils ont le droit de parler en maîtres aux gouvernements qui les négligent. »

La lutte contre les factions et le rappel des commissaires impliqués dans les excès de la Terreur ou dans les prévarications entraînent la suppression des tribunaux révolutionnaires dans les départements (sauf deux) au profit unique de celui de Paris.

Une nouvelle série de tentatives d'assassinats (plus ou moins sérieuses d'ailleurs) contre Collot d'Herbois et contre Robespierre aboutit à la loi du 22 prairial (10 juin) dont Robespierre se détourne aussitôt qu'il ait précisé qu'elle pouvait s'appliquer aux membres corrompus de la Convention. Après avoir expliqué que la Révolution doit être indissolublement liée à la Vertu, ce dernier continue son combat pour le civisme en organisant la Fête de l'Être suprême et de la nature, qu'il préside (20 prairial, 8 juin). Cette fête a un grand succès, mais elle inquiète les rivaux de Robespierre. Le journaliste royaliste Mallet du Pan écrit : « On crut véritablement que Robespierre allait fermer l'abîme de la révolution. »

Mais l'heure n'est plus celle de la Terreur ; les armées françaises contre-attaquent sur tous les fronts et le 8 messidor (27 juin), la victoire de Fleurus ouvre les frontières de la Belgique. Anvers et Liège sont prises le 9 thermidor (27 juillet), le jour même de la chute de Robespierre et ce n'est pas un hasard. Barère, toujours lucide, affirme : « Les victoires s'acharnaient sur Robespierre. » Car le Comité de salut public est entré en crise, Robespierre n'assiste plus aux réunions. Saint-Just s'exclame « la Révolution est glacée ».

Face à eux, on trouve une coalition hétéroclite entre les proconsuls terroristes menacés comme Fouché, les Jacobins écartés comme Billaud-Varenne et Collot d'Herbois, des anciens Dantonistes, les modérés qui veulent en finir avec la politique jacobine maintenant que la victoire est assurée, les prévaricateurs comme Barras, ils ne sont d'accord que sur une chose : éliminer Robespierre.

Les appuis de celui-ci sont réduits à force de vouloir maintenir l'unité de combat du tiers état et de rogner ceux qui la menaçaient (ou dont il pensait qu'ils la menaçaient). Ces amputations successives l'affaiblissent aussi parce qu'elles multiplient les volontés de revanche. La bourgeoisie marchande ne veut plus de l'économie dirigée qui bride le commerce. Les sans-culottes qui ne sont pas aux frontières ou en Vendée sont mécontents du nouveau « maximum » qui leur est défavorable et de l'élimination de certains de leurs chefs. Enfin, la Plaine va marcher avec les conspirateurs.

Le 8 thermidor (27 juillet), après une dernière tentative de conciliation, dans un discours à la Convention, Robespierre ne nomme aucun de ceux qu'il veut impliquer (ce qui, donc, effraye tout le monde). Le lendemain, Saint-Just ne peut prononcer son discours devant le tumulte des conspirateurs et la Convention décide l'arrestation de Robespierre avec son frère, Lebas, Couthon et Saint-Just.

Apprenant l'arrestation des robespierristes, la Commune de Paris s'insurge et les libère. Mais, en réalité, peu de sections mobilisent et les troupes de la Convention sont plus nombreuses et plus décidées. Robespierre veut lancer une proclamation « au nom du peuple français », il n'en a pas le temps. L'Hôtel de ville où il est retranché avec ses amis est investi. Certains se suicident ou essayent de le faire. Il est guillotiné avec 21 de ses amis ; le lendemain, ce sont 71 robespierristes qui sont exécutés sans jugement.

Pour beaucoup, la Révolution est finie.

# 4

# La stabilisation difficile

Après l'exécution de Robespierre, un sentiment curieux parcourt le pays. Pour les uns, c'est le soulagement. Pour d'autres, c'est le découragement. Des révolutionnaires se suicident. Le peintre David qui avait promis de boire la ciguë avec Robespierre se cache. Des centaines de révolutionnaires sont arrêtés, guillotinés, souvent sans jugement. Les vainqueurs font comme si de rien n'était : Barère affirme que le gouvernement révolutionnaire continue. Pourtant, tout le monde sait ou sent qu'une étape importante est franchie. D'ailleurs, rapidement, Barère, Billaud-Varenne et Collot d'Herbois doivent démissionner du Comité de salut public que Jean Bon Saint-André et Prieur de la Côte d'Or avaient déjà quitté. Dès lors, les choses vont s'accélérer. Le Comité de salut public devient un comité de la Convention aux fonctions réduites. Le Tribunal révolutionnaire est réorganisé après l'arrestation puis l'exécution de Fouquier-Tinville, ce qui est bien mal le récompenser de son rôle en Thermidor ; les comités révolutionnaires sont dissous, les sections parisiennes regroupées au sein de douze arrondissements. Tout ce qui fait la force du gouvernement révolutionnaire est détendu et, réciproquement, tout ce qui était comprimé par lui se relève. Des pamphlets nombreux, violents et systématiques s'en prennent au gouvernement de l'an II et à ses partisans. Chassant « la Terreur », la réaction ne peut que chasser « la Vertu », ces deux colonnes du système robespierriste. Il faut vivre de la manière la plus effrénée : on lance le « bal des victimes » auquel, pour être invité, il faut avoir eu un proche guillotiné. Les bandes de jeunes gens « **muscadins\*** », royalistes souvent, qui composent « la jeunesse dorée » commencent à se manifester dans Paris avec des anciens ultra-terroristes qui veulent, eux aussi, vivre et profiter de leurs nouveaux acquis, tel Rovère. Ainsi, la **panthéonisation\*** de Marat effectuée le 21 septembre fut de brève durée : le 8 février, ses restes furent jetés à l'égout par les bandes de jeunes gens.

Un certain nombre de militants populaires regroupés dans le **Club électoral\*** se font prendre au piège : attaquer le gouvernement révolutionnaire au nom de la liberté sans comprendre qu'elle est la liberté du plus fort, donc celle des spéculateurs et commerçants, qui sont avec les Thermidoriens. Dans ces militants, on trouve **Babeuf** qui se reprendra bien vite.

Enfin libérée de la férule robespierriste, la Convention vote l'abolition du maximum (4 nivôse, 24 décembre) qui profite aux commerçants et aux capitalistes (le mot commence à faire son apparition) et qui provoque une vertigineuse augmentation des prix, donc le passage de la disette à la famine pour les catégories populaires, privées d'une référence politique et amenées à la révolte sans plan concerté. On est loin du 31 mai.

Les Jacobins essayent de ne pas se laisser faire. Rapidement, les Thermidoriens les plus compromis sont exclus du club. Mais la division entre Jacobins et Club électoral d'une part, la rapide désagrégation du camp montagnard avec l'élimination des chefs et l'abandon d'autres empêchent toute action. Dans une telle situation, pour reprendre la forte expression du conventionnel Levasseur, on a l'impression que « le peuple a donné sa démission ».

Les muscadins attaquent le club des Jacobins le 19 brumaire (9 novembre) ; avec une logique curieuse, la Convention le fait fermer quelques jours plus tard. Chaque jour qui passe voit un succès de la réaction.

Les Thermidoriens mettent en procès Carrier (pourtant un des leurs), à la fois parce qu'il est responsable des tueries de Nantes et, aussi, parce qu'il était opposé à la tournure prise par les événements. Il est exécuté le 26 frimaire (16 décembre 1794). On assiste également au retour des girondins rescapés en frimaire (8 décembre) ; purgée sur la gauche, renforcée à droite, la Convention connaît une sérieuse inflexion politique.

Mais, la Convention n'est pas favorable au retour de l'Ancien Régime. Elle établit que tous les 21 janvier sera fêtée la juste punition du dernier tyran et elle supprime le budget des cultes (18 septembre 1794). Le 28 thermidor (15 août), pour asseoir la nouvelle société, elle institue le franc comme monnaie du pays qui va perdurer jusqu'en 2001.

Ce nouveau tour est aussi lié à la situation militaire : les armées françaises avancent sur le Nord, le Rhin est aux mains de la République. Les patriotes locaux proclament des « **républiques sœurs\*** », associées à la République française, qui forment un glacis autour d'elle. Cette série de victoires militaires entraîne un incontestable succès diplomatique : le traité de Bâle avec la Prusse, qui, outre certains gains territoriaux, aboutit à la reconnaissance de la République française par un membre majeur de la **coalition\*** (16 germinal, 5 avril).

À l'intérieur, la « **Terreur blanche\*** » visant à l'extermination des cadres politiques de l'an II commence. Après les premiers assassinats, Rovère revendique le « droit [des Jacobins] égorger » (4 ventôse, 22 février), le lendemain la Convention assigne à résidence tous les fonctionnaires destitués depuis le 9 thermidor avant de les désarmer (10 avril, 21 germinal). Les révolutionnaires sont immobilisés et désarmés, il ne leur reste qu'à mourir. Les massacres redoublent.

Le général Hoche commandant l'armée à l'Ouest essaye de négocier avec les Vendéens sur instruction de la Convention qui promet le pardon (12 frimaire, 2 décembre) ; c'est chose faite le 12 février avec les accords de la

# Les républiques sœurs

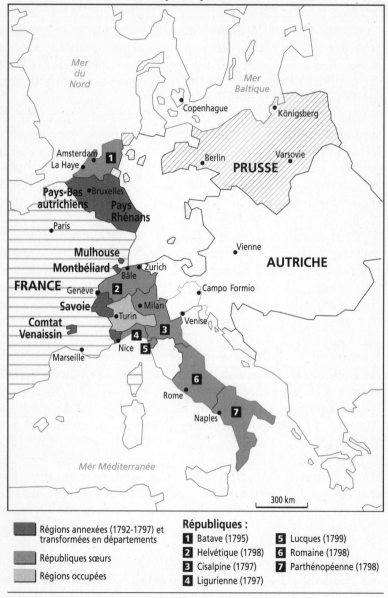

Régions annexées (1792-1797) et transformées en départements

Républiques sœurs

Régions occupées

**Républiques :**

1 Batave (1795)
2 Helvétique (1798)
3 Cisalpine (1797)
4 Ligurienne (1797)

5 Lucques (1799)
6 Romaine (1798)
7 Parthénopéenne (1798)

Puisaye, puis avec les **Chouans\***. Peu à peu, on s'achemine vers la fin des guerres de Vendée.

Babeuf, après avoir soutenu Thermidor et critiqué fermement le gouvernement, est emprisonné le 7 février (19 pluviôse) ; il va rencontrer en prison ceux qui seront les animateurs de la Conspiration des Égaux au premier chef desquels le robespierriste d'origine italienne Buonarroti. Ces militants essayent, malgré les prisons, de peser sur l'agitation populaire. Le 1er avril (12 germinal) se déroule une insurrection des sans-culottes qui investissent la Convention en réclamant « du pain et la Constitution de 1793 ». Pour rien. Pire, des Montagnards sont déportés sans jugement comme Billaud-Varenne et Collot d'Herbois en Guyane. L'opération est reprise en plus grand et en plus violent le 1er prairial (20 mai). Les sans-culottes envahissent la Convention, mais l'armée repousse les insurgés qui doivent se replier dans le faubourg Saint-Antoine investi par la troupe les jours suivants. La répression est violente et, surtout, pour la première fois, l'armée a choisi l'ordre et la Convention n'a pas cédé. Les « **Crétois\*** » sont arrêtés bien qu'ils n'aient eu aucun rôle dans l'émeute et ils se suicident pour éviter la guillotine. La réaction thermidorienne est allée au plus loin de son action. Cela ne suffit pas aux royalistes.

Après la mort du Dauphin en prison, le frère du roi se proclame Louis XVIII et il édicte un programme d'absolue restauration (condamnation à mort des conventionnels régicides, reconstitution des trois ordres d'Ancien régime, monarchie héréditaire). Hasard du calendrier ? La veille soit le 23 juin 1795, **Boissy d'Anglas**, prononce un véritable discours-programme de la bourgeoisie thermidorienne :

> « Nous devons être gouvernés par les meilleurs : les meilleurs sont les plus instruits et les plus intéressés au maintien des lois ; or, à bien peu d'exceptions près, vous ne trouverez de pareils hommes que parmi ceux qui, possédant une propriété, sont attachés au pays qui la contient, aux lois qui la protègent, à la tranquillité qui la conserve. [...] Un pays gou-

verné par les propriétaires est dans l'ordre social ; celui où les non-propriétaires gouvernent est dans l'état de nature. »

La Convention jette aux orties la Constitution de 1793 au profit d'une nouvelle dont le texte est long et compliqué. Seuls les plus riches peuvent voter et même si le corps électoral est moins étroit qu'en 1791, on distingue deux sortes de citoyens, foulant ainsi l'égalité des droits. Deux assemblées sont créées : les **Cinq-Cents**\* du nom de leur nombre et les **Anciens**\*, chacune surveillant l'autre même si les premiers proposent les lois aux seconds. Le pouvoir exécutif est dévolu à un groupe de cinq hommes, le **Directoire**\*, qui est renouvelé par tirage au sort, ce qui est une pure insulte au bon sens et à la démocratie.

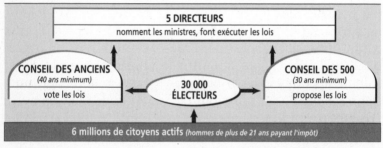

Constitution de l'an III (1795)

Le 5 messidor (23 juin), la flotte anglaise débarque une armée d'émigrés à Quiberon. Mais, après quelques succès initiaux, elle se trouve isolée et assiégée. Les armes à la main et sous uniforme anglais, des centaines d'émigrés sont fusillés. La réconciliation est définitivement exclue.

Les élections s'annoncent favorables aux royalistes. Il ne leur reste qu'à attendre. Mais personne n'a de goût pour le suicide politique et la Convention sur ses derniers jours décide de se reconduire. Devant un tel coup de force, les royalistes parisiens prennent les armes. Ils essaient d'investir la Convention. Derrière elle, c'est la République qui est menacée.

L'émeute du 13 vendémiaire an IV (5 octobre 1795) est écrasée par le général **Bonaparte** qui se lie à cette occasion à l'homme fort du pouvoir, **Barras**. Avec Quiberon, un double et terrible coup d'arrêt vient d'être donné aux revendications royalistes.

Les révolutionnaires, à peine libérés de prison par l'amnistie du 3 brumaire (25 octobre), se mettent au service d'une République qu'ils croient revenue à de meilleurs sentiments. Ils vont déchanter assez vite. Pour aider le Directoire, ils se rassemblent dans un nouveau club, dit « **Club du Panthéon\*** ». Insensiblement, devant les couardises du pouvoir et au spectacle de la misère populaire qui grandit, le Club va se radicaliser. Ainsi, le Directoire supprime les distributions de nourriture pour les indigents et les suicides sont tellement nombreux qu'il est interdit d'en publier les statistiques.

Les élections qui ont lieu n'élisent qu'un tiers du corps législatif. Le reste est composé d'anciens Conventionnels. Les Conventionnels auto-reconduits vont y gagner le surnom peu enviable de « perpétuels ». Comme on pouvait s'y attendre, le **Nouveau Tiers\*** est composé de royalistes à peine déguisés qui se sentent le vent en poupe. Pendant ce temps, le Directoire s'installe, nomme avec difficulté les commissaires qui le représentent dans les départements et les localités, destitue ou modèle les administrations locales.

Babeuf, qui est sorti de prison en même temps que ses camarades, relance son journal, *Le Tribun du peuple*, dans lequel il engage une ferme campagne contre le pouvoir alors que nombre de ses anciens co-emprisonnés sont dans l'expectative. Il écrit le *Manifeste des Plébéiens* le 9 frimaire (30 novembre) où il propose de « *supprimer la propriété particulière* ».

Babeuf doit entrer dans la clandestinité pour éviter l'arrestation. Peu après, le club du Panthéon est fermé par Bonaparte qui, dans la foulée, obtient le commandement de l'armée d'Italie.

La crise économique atteint des sommets. Dans l'allégresse générale, la planche aux **assignats**\* est brûlée (30 pluviôse, 18 février) et un nouveau signe papier fait son apparition : le **mandat territorial**\*. Il va arriver au point zéro atteint par les assignats en quelques semaines et sera abandonné en juillet. C'est à cette époque que les Directoriaux essayent de mettre en place la structure fondamentale du capitalisme, c'est-à-dire une Banque nationale, Banque de France, en fait privée. Cette tentative va échouer sous la double opposition des babouvistes et des anciens Jacobins, notamment de Lindet.

Les démocrates partisans d'un nouvel ordre social sont contraints de créer un nouveau centre qui ne peut être que clandestin. C'est la constitution d'un directoire secret de sept membres dont les plus connus sont Babeuf qui en est le principal acteur, Buonarroti, Darthé et le poète anarchisant Sylvain Maréchal. Ils fondent la Conspiration des Égaux ; pour eux l'égalité des droits de 1789 ne peut avoir de sens que dans une société communiste (terme qui n'est pas de l'époque). Ils vont mener de dures négociations avec les anciens conventionnels regroupés autour d'Amar, ancien membre du comité de sûreté générale, qui veulent reprendre le pouvoir comme si rien ne s'était passé depuis l'an II. Les deux oppositions agissent de concert, à défaut de fusionner. Les Égaux développent une intense agitation dans les milieux populaires, autour de certains anciens cadres révolutionnaires, souvent avec succès, même en province.

L'agitation atteint son apogée fin germinal. Le Directoire ne peut les laisser agir. Une législation répressive est votée punissant de mort les partisans de la « loi agraire » (ou attaque contre les propriétés), du retour à la Constitution de 1793 et... de la royauté. L'émeute de la Légion de police de Paris, travaillée par les babouvistes, est réprimée. La cavalerie charge la foule qui manifeste dans les quartiers populaires. Le 21 floréal (10 mai), on arrête les conjurés qui ont été dénoncés. Plus tard, au camp de Grenelle, les babouvistes et autres démocrates qui croyaient pouvoir soulever la troupe sont attendus par l'armée, c'est un guet-apens. On ignore encore le nombre de morts et celui des noyés qui ont voulu traverser la Seine à la nage (23 fructidor, 9 septembre). La commission militaire fait fusiller 32 militants, parmi lesquels trois anciens conventionnels. Le tribunal de cassation annulera ces décisions, mais personne ne peut ressusciter les morts. Le 7 prairial an V (26 mai 1797), la Haute-Cour de Justice réunie à Vendôme condamne Babeuf et Darthé à la peine capitale. Et, après une tentative de suicide, ils sont guillotinés. La Révolution continue sa descente aux enfers.

Bien après la Révolution, en 1828, Buonarroti laisse le témoignage précieux sur la conjuration, *La Conspiration pour l'égalité, dite de Babeuf*, qui va structurer un courant robespierriste, et, plus significativement, les premiers groupes communistes.

Pendant que les derniers espoirs d'une politique réalisant les promesses de l'an II s'estompent, les catégories favorisées par l'action du Directoire ont libre cours. Elles donnent forme à ce qui s'appelle la « société du Directoire » et prolongent les « **Merveilleuses\*** » et les « **Incroyables\*** » de la réaction thermidorienne.

Benjamin Constant qui se fait le porte-parole de la nouvelle bourgeoisie écrit que « la révolution... a dépassé son terme en attaquant la propriété ». Il faut y mettre bon ordre. Le front intérieur se calme après les arrestations et exécutions des chefs vendéens Stofflet (6 ventôse, 25 février) et Charrette (9 germinal, 29 mars).

Pendant que les Égaux sont mis hors de combat et que les spéculateurs pillent la République, en Italie, à la tête de son armée, Bonaparte commence une tout autre aventure. Les batailles se succèdent, et toutes sont victorieuses. Victorieux à Montenotte, le 12 avril, à Millesimo le lendemain, à Dego le 15, à Mondovi le 21, il contrôle le Piémont. Ayant les mains libres, il signe un armistice avec le Piémont à Cherasco, abandonnant à leur sort les patriotes locaux et il attaque la Lombardie tenue par les Autrichiens. La victoire de Lodi lui permet de prendre Milan et de pousser vers les États du pape. Bonaparte après la bataille d'Arcole contraint l'Autriche à signer les préliminaires de paix de Leoben (29 germinal an V, 18 avril 1797).

De son aveu, très postérieur aux faits, Bonaparte reconnaît un important changement psychologique opéré au soir de la victoire de Lodi :

> « Ce soir-là, je me regardais pour la première fois non plus comme un simple général, mais comme un homme appelé à influer sur le sort d'un peuple. »

La guerre va nourrir le Directoire. Ainsi, dans les traités de paix, outre les contributions de guerre, les vaincus doivent livrer des œuvres d'art que les artistes français viennent choisir. Certains – et c'est à leur honneur – comme David refusent. Les fournisseurs aux armées bâtissent dans ces guerres de véritables fortunes.

Les élections sont favorables aux royalistes ; une de leurs figures de proue est le général Pichegru, circonvenu par les émigrés au point d'avoir trahi. Ils veulent profiter de leur situation pour éliminer les Directeurs républicains. Carnot, conservateur mais fondamentalement républicain, sollicité, refuse son aide et c'est au tour des républicains de passer à l'offensive. C'est le coup d'État du 18 fructidor. Par dizaines, des élus sont invalidés et arrêtés en compagnie de ministres ; Carnot à qui Barras a fait craindre l'arrestation s'enfuit. Mais cela ne constitue qu'une victoire à court terme. Si la République est préservée, la Constitution de l'an III est violée pour la première fois, ce ne sera pas la seule.

Avec la sévérité qui lui est propre et presque pour se faire pardonner la répression de la conjuration babouviste, le Directoire élimine les opposants royalistes, réels ou supposés. C'est la « Terreur directoriale ». Elle multiplie les déportations en Guyane (« la guillotine sèche ») des députés invalidés et de nombreux prêtres réfractaires.

**Barras**, qui était l'homme du 9 thermidor et celui du 13 vendémiaire, devient celui du 18 fructidor. Il est « le roi du Directoire », symbole des parvenus et des jouisseurs.

Les élections nouvelles donnent l'avantage aux Jacobins. Partisan de la stabilisation sociale et politique, le Directoire à la politique résolument bourgeoise ne peut accepter. Utilisant les scissions qui ont eu lieu dans de nombreuses assemblées électorales, le Directoire invalide les élus qui lui déplaisent. C'est un deuxième coup d'État, le second en un an (22 floréal an VI, 11 mai 1798). Mais, le Directoire ayant vécu par les coups d'État, va périr par les coups d'État ; d'ailleurs, ceux-ci se multiplient dans les républiques sœurs. La politique de bascule, qui caractérise le Directoire, fonctionne à plein, cette fois contre les Jacobins supposés.

Le 17 octobre 1797 à Campo-Formio, à l'instigation de Bonaparte qui force la main au Directoire, est signé un traité qui met fin à la guerre avec l'Autriche. Belgique et Rhénanie sont annexées par la France et l'Autriche conserve la Vénétie et quelques autres territoires en Méditerranée. C'en est fini du droit des peuples à disposer d'eux-mêmes.

La base politique du Directoire est faible, mais sa base sociale, paradoxalement, ne l'est pas. En effet, celui-ci mène une véritable politique économique, de grande ampleur et souvent mésestimée : le ministre Ramel réorganise les finances de l'État en supprimant, d'un trait de plume, deux tiers des dettes publiques (9 vendémiaire an VI, 30 septembre 1797). Pour assainir l'assiette fiscale, on crée un impôt sur le revenu avec l'impôt sur les portes et les fenêtres (4 frimaire an VII, 24 novembre 1798).

C'est dans ce contexte qu'a lieu la délicate, lointaine et, parfois, incompréhensible, expédition d'Égypte. Il faut, à la fois, menacer l'Angleterre (ce que la dérisoire expédition d'Irlande ne peut faire), trouver des colonies en lieu et place d'Haïti où les esclaves révoltés combattent pour l'indépendance et, enfin, éloigner un général devenu trop populaire. L'armée de Bonaparte débarque en Égypte, commence sa conquête mais se trouve isolée par la défaite navale d'Aboukir (14 thermidor, 1er août 1798) et par l'échec de la prise de Saint-Jean d'Acre (28 floréal, 17 mai 1799). Bonaparte doit se résoudre à quitter l'Égypte et il débarque en France le 17 vendémiaire (9 octobre 1799). Il va prendre le pouvoir dans un mois et un jour.

La seconde coalition se met en place avec l'Angleterre, la Russie, Naples, le Saint-Empire (mars 1799). Mieux organisée, elle est probablement plus dangereuse, peut-être parce que le patriotisme de 1792/1793 a été annihilé. Devant l'accumulation des échecs, les Conseils s'en prennent aux Directeurs, qu'ils jugent timorés et obtiennent la démission de Merlin de Douai et de La Réveillère-Lépeaux (30 prairial an VII, 18 juin 1799). Ce nouveau coup de force n'empêche pas la succession de défaites et de révoltes dans les territoires occupés. En outre, une insurrection royaliste généralisée manque emporter Toulouse, s'empare de Bordeaux, de Nantes et de Saint-Brieuc. Ces dangers suscitent une poussée patriotique appelée « **néo-jacobinisme\*** ». Le club du Manège où se réunissent les survivants des combats démocratiques est fondé le 18 messidor an VIII (6 juillet 1799). Pâle résurgence du club des Jacobins, il est vite fermé (26 thermidor, 13 août).

Les hommes de l'an II sont à nouveau aux affaires : Robert Lindet, responsable des finances du Comité de salut public, compromis dans la conjuration babouviste, est ministre des Finances (2 thermidor, 20 juillet) ; il n'y fait que passer à l'inverse de son collègue Fouché, nommé à la Police générale. Les possédants se souviennent que l'an II a entraîné une politique égalitaire. Ils craignent que les mêmes causes ne suscitent les mêmes effets et ils savent que le Directoire ne peut ni apaiser leurs craintes ni assouvir leurs désirs. Cette peur sociale est nourrie par le vote de l'emprunt forcé de 100 millions sur les riches (10 messidor, 28 juin). Il faut changer de régime.

Les victoires de Zurich (4 vendémiaire, 4 septembre) et des troupes républicaines sur les Vendéens desserrent l'étreinte. Siéyès, devenu Directeur alors qu'il avait refusé la place en 1795 et depuis longtemps partisan d'une révision de la Constitution, affirme « je cherche un sabre ». Le général Joubert, pressenti, a le malheur de succomber à la bataille de Novi. Tout le monde se presse autour de Bonaparte, revenu et – paradoxalement – auréolé de son lointain et infructueux combat en Égypte. Le complot prend de l'ampleur.

Deux directeurs démissionnent pour faciliter les opérations ; deux autres sont quasiment mis aux arrêts. Le cinquième, Barras qui croyait tirer les marrons du feu, une fois de plus, et profiter de son ascendant sur Bonaparte doit renoncer. On invente un complot jacobin pour exiler les Conseils à Saint-Cloud, loin d'un Paris jugé trop incertain (18 brumaire an VIII, 9 novembre 1799).

Le lendemain, à Saint-Cloud, la journée est confuse. Les députés accueillent Bonaparte aux cris de « Hors-la-loi ! ». Quelques instants plus tard, les grenadiers du général Murat lançant « foutez-moi tout le monde dehors » dispersent l'assemblée. C'est un coup d'État militaire dont Bonaparte sort vainqueur.

Il fait afficher une proclamation sur les murs de Paris qui affirme, notamment :

« Le Conseil des Anciens m'a appelé : j'ai répondu à son appel. Un plan de restauration générale avait été concerté par des hommes en qui la nation est accoutumée à voir des défenseurs de la liberté, de l'égalité, de la propriété. »

La Propriété ! La république démocratique de l'an II a péri et la Révolution bourgeoise s'accomplit.

Mais, de ces années de poudre et de sang, l'Histoire va retenir, surtout, que rien ne peut enchaîner les hommes.

# Annexes

Notices biographiques
Lexique
Bibliographie sélective

# Notices biographiques

**BABEUF** François-Noël, dit Gracchus (1760-1797) : communiste, après le 13 vendémiaire, il rédige *Le Tribun du Peuple* et organise la Conjuration des Égaux. Arrêté, il est guillotiné.

**BAILLY** Jean Sylvain (1736-1793) : un des chefs de file du tiers état. Il est élu maire de Paris après le 14 juillet 1789 et s'éloigne des patriotes. Il proclame la loi martiale le 17 juillet 1791 (fusillade du Champ-de-Mars). Il est arrêté en septembre 1793 et guillotiné.

**BARÈRE** de Vieuzac Bertrand (1755-1841) : élu aux États généraux puis à la Convention. Membre du « grand » Comité de salut public. Il soutient les vainqueurs de Robespierre, mais n'échappe pas à leur rancune.

**BARNAVE** Antoine Pierre Joseph Marie (1761-1793) : avocat, délégué à l'assemblée de Vizille en 1788 avant d'être élu aux États généraux. Populaire au début de 1790, il évolue vers la droite. Il est arrêté et guillotiné le 29 novembre. Auteur d'une œuvre posthume, *Introduction à la Révolution française*.

**BARRAS** Paul François Nicolas, vicomte de (1755-1829) : élu à la Convention. Il vote la mort du roi et participe à la reprise de Toulon où il s'enrichit indûment. Robespierre obtient son renvoi. Il devient un des fers de lance du 9 thermidor comme du 13 vendémiaire. Il est élu membre du Directoire et le reste jusqu'à la fin.

BILLAUD-VARENNE Jacques Nicolas (1756-1816) : avocat, il est membre du club des Jacobins en 1790, puis de la Commune du 10 août 1792. Il est élu à la Convention, montagnard, membre du « grand » Comité de salut public. Il participe au complot contre Robespierre, mais n'échappe pas à la réaction thermidorienne et est déporté en Guyane.

BOISSY D'ANGLAS François Antoine, comte de (1756-1826) : élu du tiers état puis à la Convention, il vote avec les girondins. Après Thermidor, il devient un chef des modérés et rédige la constitution de l'an III. Sous le Directoire, un chef de file de la droite. Se réfugie en Angleterre, puis rallié au régime napoléonien.

BONAPARTE Napoléon (1769-1821) : de petite noblesse corse, officier, se rallie à la Révolution, acteur important de la prise de Toulon en 1793, soupçonné de robespierrisme, écrase les royalistes en vendémiaire an IV, chef de l'armée d'Italie, joue un rôle personnel à partir de 1796 et devient premier consul après le coup d'État de brumaire.

BOUILLÉ François Claude Amour, marquis de (1739-1800) : général, réprime la rébellion de Nancy en août 1790 ; aide Louis XVI dans sa fuite. Il émigre peu après.

BRISSOT Jacques Pierre, dit de Warville (1754-1793) : rédacteur du *Patriote français*, il fonde la *Société des Amis des Noirs*. Il est élu à l'assemblée législative puis à la Convention, chef girondin, il est guillotiné le 31 octobre 1793.

BUONARROTI Philippe (1760-1837) : né à Florence, il est séduit par les idées nouvelles. En 1793, il obtient la nationalité française. Robespierriste convaincu, il est arrêté. En prison, il fait connaissance de Babeuf. Avec ce dernier, il organise la Conjuration des Égaux. Condamné à la déportation. Organisateur de sociétés secrètes républicaines, il écrit la *Conspiration pour l'Égalité dite de Babeuf*.

**BUZOT** François, Nicolas Léonard (1760-1794) : élu par le tiers état d'Évreux, puis à la Convention, girondin, proche de Madame Roland, attaque violemment la Commune de Paris et les Montagnards. Après le 2 juin, organise la résistance armée contre la Convention.

**CARNOT** Lazare Nicolas Marguerite (1753-1823) : militaire, il est élu à l'assemblée législative, puis à la Convention. Il devient membre du « grand » Comité de salut public où il est un des organisateurs de l'armée nouvelle. Il prend une part active au 9 thermidor, puis devient membre du Directoire. Il désapprouve le coup d'État du 18 fructidor et se réfugie en Suisse d'où il revient après Brumaire. Il s'oppose au pouvoir personnel de Bonaparte.

**CARRIER** Jean-Baptiste (1756-1794) : élu à la Convention, montagnard. Il est envoyé à Nantes où il se signale par ses exactions. Robespierre, informé, prépare son rappel. Carrier participe au complot pour renverser Robespierre. Il est mis en procès et guillotiné par les Thermidoriens.

**CHARRETTE** de la Contrie, François Athanase (1763-1796) : officier de marine, il émigre avant de devenir un des chefs de la révolte vendéenne. En février 1795, il signe la paix de La Jaunaie. Il reprend les armes au moment du débarquement des émigrés à Quiberon. Il est arrêté, jugé puis fusillé.

**CHAUMETTE** Pierre Gaspard dit Anaxagoras (1763-1794) : membre du club des Cordeliers, puis de la Commune du 10 août ; partisan de la déchristianisation, guillotiné peu après Hébert.

**COLLOT D'HERBOIS** Jean-Marie (1749-1796) : acteur de théâtre avant la Révolution. Il rédige l'*Almanach du Père Gérard* et devient membre de la Commune du 10 août. Il est élu à la Convention, montagnard et membre du « grand » Comité de salut public. Il participe au complot contre Robespierre, mais sous la réaction thermidorienne il est condamné à la déportation en Guyane en 1795, y meurt un an après.

CONDORCET Marie Jean Antoine Nicolas Caritat, marquis de (1743-1794) : philosophe, élu à l'Académie française, républicain de 1791, élu à l'Assemblée législative puis à la Convention. Il vote contre la mort du roi, entre dans la clandestinité après le 2 juin 1793. Il meurt le 29 mars 1794.

CONSTANT de Rebecque Benjamin (1767-1830) : suisse, s'installe en France en 1796. Il devient un des porte-parole de la bourgeoisie directoriale ; par la suite, opposant libéral à l'Empire ; journaliste et romancier.

CORDAY d'Armont Charlotte (1768-1793) : d'une famille de petite noblesse, influencée par les girondins réfugiés à Caen, elle projette puis réalise l'assassinat de Marat le 13 juillet 1793, elle est guillotinée peu après.

COUTHON Georges (1755-1794) : homme de loi à Clermont-Ferrand, il y établit une filiale des Jacobins. Élu à l'Assemblée législative puis à la Convention, montagnard, il joue un rôle important dans le procès du roi et la chute des girondins. Il entre au Comité de salut public, et il est guillotiné avec Robespierre.

DANTON Georges (1759-1794) : avocat, orateur au club des Cordeliers et dans les divers moments de la Révolution. Un des artisans du 10 août 1792, il devient ministre de la Justice. Il est élu à la Convention, dirigeant montagnard, il cherche l'unité des patriotes malgré les girondins. Sa popularité immense décroît peu à peu. Inquiété pour ses relations et soupçonné de concussion, il est chef de file des Indulgents fin 1793. Arrêté et guillotiné.

DAVID Jacques Louis (1748-1825) : peintre connu avant la Révolution, il organise des fêtes révolutionnaires. Élu à la Convention, montagnard, il est l'animateur de la Fête de l'Être suprême. Inquiété sous la réaction thermidorienne, il devient un fidèle de Bonaparte après Brumaire. Peintre de l'Empire, il meurt en exil.

DESMOULINS Camille (1760-1794) : orateur populaire des journées de juillet 1789. Pamphlétaire et journaliste. Membre du club des Cordeliers. Élu à la Convention, montagnard. Lance fin 1793 *Le Vieux Cordelier* où il prône une politique de modération. Guillotiné avec Danton.

DROUET Jean-Baptiste (1763-1824) : Maître de poste, il arrête le roi à Varennes. Il est élu à la Convention, montagnard. Arrêté par les Autrichiens puis libéré ; compromis dans la conjuration de Babeuf, il s'enfuit. Revient en France après le 18 fructidor. Sous-préfet sous l'Empire. Condamné à l'exil à la Restauration, il meurt dans la clandestinité.

DUMOURIEZ Charles-François du Périer dit (1739-1823) : militaire lié à La Fayette, ministre de la Guerre sous le ministère girondin. Commandant l'armée du Nord, il négocie avec les Autrichiens et tente un coup d'État en voulant marcher avec son armée contre la Convention. Passe à l'ennemi en avril 1793.

FABRE D'ÉGLANTINE Philippe François Fabre dit (1750-1794) : poète et homme de théâtre (on lui doit la comptine *Il pleut bergère).* Élu à la Convention, il utilise ses responsabilités pour de nombreuses prévarications. Démasqué, il est guillotiné avec les dantonistes.

FOUCHÉ Joseph (1759-1820) : membre des Jacobins à Nantes, élu à la Convention, montagnard. Féroce envoyé en mission, exclu des Jacobins, il participe au complot contre Robespierre. Ministre de la Police à plusieurs reprises entre 1799 et 1810. Exilé sous la Restauration, il meurt à Trieste.

FOUQUIER-TINVILLE Antoine Quentin (1746-1795) : homme de loi, il devient accusateur public du Tribunal révolutionnaire. Il officie contre les girondins, Marie-Antoinette, Danton, Hébert, et, enfin, Robespierre. Après le 9 thermidor, il est jugé et guillotiné.

GRÉGOIRE Henri Baptiste (1750-1801) : abbé, il est élu aux États généraux. Lié aux patriotes dès l'été 1789. Partisan de la constitution civile du clergé, il est élu évêque constitutionnel de Blois, élu à la Convention. Il obtient la liberté des cultes en 1795. Opposant au pouvoir personnel de Bonaparte comme à la Restauration.

**Hébert** Jacques René (1757-1794) : quitte Alençon pour Paris en 1790 où il publie *le Père Duchesne*. Partisan de la République après Varennes, membre de la Commune insurrectionnelle du 10 août 1792. Il devient substitut du procureur de la Commune de Paris ; partisan de la déchristianisation, il essaye de récupérer les manifestations de septembre 1793. Il lance un appel à l'insurrection début mars 1794 ; arrêté et guillotiné le 24 mars 1794.

**Hoche** Louis Lazare (1768-1797) : membre des gardes nationales, il est partisan de la Révolution. Il gravit les différents grades de l'armée et devient général fin 1793. Il repousse le débarquement des émigrés et des Anglais à Quiberon en juillet 1795. Devient chef de l'armée de Sambre-et-Meuse. Il meurt à son état-major en septembre 1797.

**La Fayette** (Gilbert Motier de) (1757-1834) : volontaire de la guerre d'Indépendance américaine. Il joue un rôle significatif aux États généraux puis commandant de la garde nationale. Partisan de la monarchie constitutionnelle, essaye un coup de force, il passe aux Autrichiens qui l'emprisonnent. Libéré sur intervention de Bonaparte, il quitte la scène politique pendant l'Empire.

**Lameth** Pierre Théodore Victor de (1760-1829) : combattant de la guerre d'Indépendance américaine, élu aux États généraux. Partisan d'une monarchie éclairée, il s'oppose au veto royal. Se rapproche de la monarchie après Varennes et rejoint les Autrichiens en 1792.

**Le Chapelier** Isaac René Guy (1754-1794) : avocat, élu aux États généraux. Il est fondateur du club breton. Il est l'auteur de la fameuse Loi Le Chapelier. Il quitte les Jacobins après la fuite de Varennes ; il est condamné et guillotiné.

**Lindet** Jean-Baptiste Robert (1746-1825) : maire de Bernay (Eure) en 1790, il est élu à l'assemblée législative puis à la Convention. Il se rallie aux Montagnards, membre du « grand » Comité de salut public où il s'occupe des finances et du ravitaillement. Il ne participe pas aux luttes de factions, avant et après la chute de Robespierre. Accusé au procès de Babeuf, il est acquitté ; éphémère ministre des Finances en 1799.

**Louis XVI** (1754-1793) : Roi de France jusqu'en 1791 puis Roi des Français jusqu'en 1792, roi à l'âge de 20 ans. Il ne peut empêcher la montée des mécontentements qu'il aiguise par ses hésitations. Il convoque les États généraux et semble s'en désintéresser ; en fait, il joue dès l'été 1789 double jeu. Ce double jeu ne sera avéré qu'avec la fuite de Varennes. Dès lors, sa chute est inéluctable, seulement différée par la guerre. L'insurrection du 10 août entraîne la fin de la Monarchie. Jugé, guillotiné le 21 janvier 1793.

**Marat** Jean-Paul (1743-1793) : médecin puis publiciste avant la Révolution. Il devient rédacteur de *L'Ami du peuple* dès septembre 1789. Élu à la Convention par le département de Paris, montagnard. Partisan de la dictature révolutionnaire, il est attaqué par les girondins, assassiné par Charlotte Corday en juillet 1793.

**Maury** Jean Siffrein (1746-1817) : abbé, véhément défenseur de l'Ancien Régime aux États généraux, émigre dès la fin de la Constituante ; évêque puis cardinal en 1794 ; représente Louis XVIII auprès du pape ; se rallie à l'Empire et se brouille avec le pape.

**Merlin de Douai** Philippe Antoine dit (1754-1838) : avocat, il est élu aux États généraux, à la Convention, montagnard, juriste. Membre du Comité de salut public après Thermidor, il devient ministre sous le Directoire puis directeur. Personnage officiel de l'Empire, il est exilé sous la Restauration.

**Mirabeau** Honoré Gabriel Riquetti, comte de (1749-1791) : noble élu par le tiers état aux États généraux, il est un orateur imposant et il devient le porte-parole de l'Assemblée constituante. Il évolue vers la monarchie constitutionnelle. Il se met au service de la Cour. Ses cendres sont retirées du Panthéon lorsque l'on découvre sa correspondance avec le roi.

**Mounier** Jean Joseph (1758-1806) : avocat, élu à Vizille puis député du tiers état ; partisan de la monarchie constitutionnelle ; se retire dans le Dauphiné puis émigre ; revient en France en 1801.

**NECKER** Jacques (1732-1824) : financier suisse, conseiller général des Finances sous Louis XVI de 1777 à 1781. Partisan des réformes, il se heurte à la Cour. Il revient aux affaires en 1788 avant d'être à nouveau chassé par le roi le 11 juillet 1789, déclenchant contre sa volonté le processus révolutionnaire. À nouveau rappelé, il quitte définitivement les postes ministériels en 1790. Il se retire en Suisse.

**ORLÉANS** Louis Philippe Joseph, duc d', dit Philippe-Égalité (1747-1793) : cousin du roi, il affiche des opinions avancées ; élu aux États généraux puis à la Convention, malgré Robespierre, il vote la mort du roi. Après la trahison de son fils (le futur Louis-Philippe), il devient suspect. Arrêté et guillotiné.

**PÉTION DE VILLENEUVE** Jérôme (1756-1794) : avocat, élu aux États généraux où il est un des patriotes les plus populaires. Maire de Paris fin 1791, il est élu à la Convention. Chef girondin, il est proscrit à la chute de ceux-ci. Il s'enfuit puis se suicide après l'échec de la tentative de révolte de Normandie contre la Convention.

**PICHEGRU** Jean-Charles (1761-1804) : militaire, général en août 1793, conquiert la Hollande en 1795 ; réprime les émeutes populaires de germinal an III, prend contact avec les royalistes ; arrêté et déporté en Guyane lors du coup d'État du 18 fructidor ; revient clandestinement en France, meurt mystérieusement en prison.

**ROBESPIERRE** Maximilien (1758-1794) : avocat, vite partisan des idées nouvelles, il est élu pour le tiers état d'Arras ; par son travail et sa rigueur morale, il devient le chef de file des Jacobins puis le symbole des démocrates. Un des très rares d'entre eux à refuser la guerre en 1792 ; acteur décisif du 10 août 1792, il entre à la Convention où il devient un des chefs montagnards. Tout logiquement, il entre au Comité de salut public au moment des périls liés à la politique girondine et aux défaites militaires. Il unit le tiers état dans la victoire de la Révolution. Celle-ci assurée, il est éliminé par la Convention. Homme politique surnommé « L'Incorruptible », ce qui n'est pas un mince compliment.

ROLAND de la Platrière, Jean-Marie (1734-1793) : inspecteur général des manufactures avant 1789, lié aux girondins, il est ministre de l'Intérieur de mars à juin 1792 puis du 10 août au 23 janvier 1793. En fuite, à l'annonce de l'exécution de sa femme, il se suicide.

ROMME Charles Gilbert (1750-1795) : mathématicien, il est élu à l'assemblée législative puis à la Convention, montagnard. Accusé en prairial an III d'avoir favorisé l'émeute, il est condamné à mort avec les *Crétois*. Il se suicide.

ROUGET DE LISLE Jean-Claude (1760-1836) : officier, il compose le « Chant de guerre de l'armée du Rhin » en avril 1792 qui deviendra « la Marseillaise », futur hymne national. La postérité de ce chant est inversement proportionnelle à l'obscurité de la vie de son auteur.

ROUX Jacques (1752-1794) : En 1791 à Paris, un des chefs des *Enragés*. Le 25 juin 1793, il attaque à la barre de la Convention la politique sociale de celle-ci. Il est jeté en prison en août 1793 et il s'y suicide.

ROVÈRE Stanislas Joseph François-Xavier (1748-1798) : marquis et mousquetaire du roi, député à la Convention, ultra-terroriste devenu royaliste, spéculateur sur les biens nationaux, déporté en 1797 en Guyane où il meurt.

SAINT-JUST Louis Antoine Léon (1767-1794) : après sa jeunesse en Picardie, il s'enthousiasme pour la Révolution. Il est élu à la Convention, montagnard, membre du « grand » Comité de salut public, il en devient un porte-parole audacieux. Fréquemment envoyé en mission, il est guillotiné avec Robespierre.

SIEYÈS Emmanuel Joseph (1748-1836) : abbé, auteur du célèbre pamphlet *Qu'est-ce que le tiers état ?*, il est élu député du Tiers aux États généraux. Le 17 juin 1789, il propose la transformation des États généraux en Assemblée constituante. Élu à la Convention, il y joue un rôle mineur. Opposant sous le Directoire, il contribue à la chute de celui-ci, mais il est une dupe du coup d'État de Brumaire. Exilé en 1815, il ne rentre en France qu'après 1830.

**TALLEYRAND PÉRIGORD** Charles Maurice de (1754-1838) : évêque d'Autun en 1788, élu aux États généraux, propose la nationalisation des biens du clergé ; rentre à Paris en 1796 et devient ministre des Affaires étrangères jusqu'en 1799 ; il soutient Bonaparte qui le fait ministre jusqu'en 1807 comme il est ministre de Louis XVIII.

**TURGOT** Anne Robert Jacques, baron de l'Aulne (1727-1781) : économiste, intendant du Limousin qu'il tente de réorganiser. Partisan des réformes, il est appelé au ministère par Louis XVI en 1774 mais ses réformes provoquent le mécontentement. Il est chassé en 1776.

# Lexique

**Amalgame militaire** : en 1792, l'armée française est composée d'unités de l'Ancien Régime, et d'unités de volontaires. Leur coexistence mettait à mal la cohérence militaire. La Convention constitua un nouveau type d'unité : la demi-brigade avec deux bataillons de volontaires pour un bataillon ancien.

**Anciens** : une des deux assemblées législatives du Directoire, composée des plus anciens législateurs au nombre de 250. Elle devait approuver ou rejeter les décisions des Cinq-Cents.

**Assignats** : « billets assignés sur les biens du clergé » mis en vente au profit de la Nation. Ils vont devenir une monnaie-papier se dévaluant au rythme des émissions de plus en plus nombreuses.

**Bicaméralisme** : système politique parlementaire fonctionnant avec deux chambres partageant le pouvoir législatif.

**Biens communaux** : traditionnellement, certaines terres appartenaient de manière indivise aux communes (forêts, par exemple).

**Biens nationaux** : biens appartenant à la Nation, provenant de deux catégories : les biens du clergé et ceux des émigrés. Ils furent souvent achetés par des bourgeois ou des paysans riches.

**Cahiers de doléances** : à partir des États généraux de 1484, des cahiers de doléances étaient rédigés et constituaient la somme des griefs et des espoirs portés par les députés à ces états.

**Chouans** : contre-révolutionnaires armés, royalistes, agissant en Bretagne et Normandie par une guerre de guérilla contre les armées républicaines.

**Cinq-Cents** : une des deux assemblées législatives du Directoire, nommée ainsi à cause de son nombre de députés, qui a pour rôle de proposer les lois.

**Club** : nom donné aux sociétés politiques régulières.

**Club du Panthéon** : club fondé par les républicains proches du Directoire à l'automne de l'an IV, non loin du Panthéon. Il devient un des lieux d'agitation babouviste contre le Directoire. Fermé par le général Bonaparte sur ordre du Directoire.

**Club électoral** : après Thermidor, les militants populaires se regroupent dans ce club qui va disparaître dans le reflux thermidorien.

**Coalition** : à partir d'avril 1792, l'Autriche et la Prusse puis, à partir de 1793, l'ensemble des puissances forment la première coalition qui, après son apogée à l'été 1793 va se désagréger sous les victoires républicaines, notamment avec le retrait de la Prusse en 1795. La seconde coalition se forme en 1798 autour de l'Angleterre. Elle va atteindre son apogée (été 1799) avant de perdre de sa force puis de disparaître en 1802.

**Comité de salut public** : le 1er janvier 1793, la Convention forme un comité de Défense générale ; ramené à douze membres, sous l'impulsion de Robespierre, il va diriger la France entre le 27 juillet 1793 et le 27 juillet 1794 (9 thermidor). C'est le « grand Comité de salut public ». Après Thermidor, il va être démantelé et réduit.

**Comité central révolutionnaire** : nom du comité parallèle à la Commune de Paris qui organisa l'insurrection des 31 mai/2 juin 1793.

**Comité insurrecteur** : nom du comité formé par des délégués des sections et des délégués des fédérés qui organisa l'insurrection du 10 août 1792.

**Comités révolutionnaires** : comités créés par les municipalités pour les questions de police ; ils furent rattachés aux comités de la Convention en 1793.

**Commune de Paris** : les 48 sections de Paris élisent chacune trois représentants qui forment la Commune de Paris et élisent le maire. Bailly, puis Pétion furent maires de Paris. Avec le 10 août, la Commune insurrectionnelle doubla la Commune légale et, de fait, constitua un contre-pouvoir. Au 9 thermidor, la Commune épurée des hébertistes essaya, en vain, de jouer à nouveau ce rôle. Elle fut supprimée avec la Constitution de 1795. Les révolutionnaires de 1871 prirent à nouveau ce titre.

**Communes** : en 1789, les communes, plus petites divisions administratives, furent créées sur la base des paroisses. Elles existent encore aujourd'hui.

**Convention** : devant l'incapacité de la Législative, Robespierre lance l'idée d'une assemblée élue au suffrage universel, ayant tous les pouvoirs et appelée Convention (nom venu des États-Unis). Elle fut élue en septembre 1792 et affirma la République.

**Cordeliers** : club installé au couvent des Cordeliers, d'où son nom. Plus démocratique dans son recrutement que les Jacobins, il fut un moment à « gauche » de celui-ci, notamment après la mort de Marat. Il disparaît sous la réaction thermidorienne.

**Corporations** : institutions professionnelles qui regroupaient les membres d'un même métier et, de fait, immobilisaient le développement économique ; supprimées en 1791.

**Corvée** : impôt en journées de travail des paysans soit au seigneur soit au Roi. Effectuée au moment des travaux des champs, la corvée était particulièrement impopulaire.

**Crétois** : surnom donné pendant la réaction thermidorienne aux derniers conventionnels fidèles à la Montagne qui siégeaient sur « la Crête ». Les Crétois ont été victimes de la répression des émeutes de germinal et prairial an III.

**Déchristianisation** : ordre privilégié de l'Ancien Régime, le clergé fut sanctionné par la Révolution. La déchristianisation fut un moment à la fois spontané et organisé pour extirper le principal propriétaire foncier du pays, un appui de la Contre-Révolution et pour en finir, souvent par des mesures répressives, avec la religion. La Convention estima que ce mouvement était contraire à la liberté des cultes et l'arrêta.

**Dîme :** impôt payé par les paysans à l'Église, correspondant, en moyenne, à un dixième des récoltes ; aboli en 1791.

**Directoire exécutif :** du 4 brumaire an IV au 19 brumaire an VIII (26 octobre 1795/10 novembre 1799), ce fut le régime politique. Le Directoire mena une existence précaire menacée à gauche comme à droite. Pour survivre, il organisa de nombreux coups d'État (1797, 1798, été 1799) avant d'en être victime à son tour.

**Enragés** : courant politique limité numériquement mais influent dans les milieux populaires, notamment à Paris avec Jacques Roux, il était partisan de mesures sociales hardies comme la taxation et la réquisition. Actif pendant l'été 1793, il disparut à la fois du fait de la répression menée par la Convention et de la reprise de sa politique par cette Assemblée.

**Esclavage** : alors que l'égalité des hommes était proclamée depuis 1789 et malgré un fort courant abolitionniste, ce n'est que la Convention qui abolit l'esclavage le 4 février 1794. Il fut rétabli par Bonaparte.

**États généraux** : assemblée représentant les trois ordres de la société française, ils n'avaient pas été réunis depuis 1614.

**Être suprême** : vague divinité, opposée au christianisme et à l'athéisme, notamment par Robespierre qui en organise le culte lors de la fête du même nom (7 mai 1794).

**Fédérés :** 20 000 volontaires armés de province se portent sur Paris et contribuent activement à l'insurrection du 10 août 1792.

**Feuillants :** en juillet 1791, les modérés quittent le club des Jacobins pour fonder celui des Feuillants autour de Lafayette et de Barnave ; ils disparaissent en 1792.

**Gabelle :** impôt sur le sel que les contribuables doivent obligatoirement acheter, il est perçu de manière très inégale. Il est aboli en 1790.

**Gallicanisme :** doctrine religieuse affirmant que les affaires temporelles de l'Église en France sont du ressort du Roi de France. La constitution civile du clergé est une forme de gallicanisme.

**Girondins :** groupe politique appelé aussi « Brissotins », autour d'élus de la Gironde. Ce sont des républicains bellicistes et hostiles à une politique sociale populaire. Ils se heurtent aux Montagnards et après avoir dominé la Convention, sont éliminés de celle-ci. À l'été 1793, ils vont susciter la guerre civile et être un appui de la Contre-Révolution, souvent malgré eux.

**Hébertistes :** du nom d'Hébert, groupe politique hétérogène partisan de mesures sociales hardies. Menaçant l'unité du tiers état, ils sont éliminés en mars 1794.

**Incroyables :** sous la réaction thermidorienne et le Directoire, jeunes gens excentriques et riches, hostiles à la Révolution.

**Indulgents :** nom donné aux dantonistes, partisans de la création d'un « comité d'indulgence » (Desmoulins).

**Jacobins :** nom donné aux membres d'un club politique se réunissant au couvent des Jacobins ; au début, club de parlementaires ; son audience s'élargit et se démocratise, malgré et avec les différentes scissions modérées. Il devient, avec Robespierre, le fer de lance de la politique démocratique révolutionnaire. Il perd de l'influence avec le 9 thermidor avant d'être fermé en novembre 1794. Par la suite, désigne à la fois un partisan zélé de la Révolution et de la République « une et indivisible ».

**Janséniste** : du nom de Jansénius, théologien néerlandais, les jansénistes sont des rigoristes religieux.

**Jureurs** : prêtres qui ont juré le serment de la Constitution civile du clergé, favorables à la Révolution.

**Levée en masse** : le 23 août 1793, la Convention décrète la levée en masse : mobilisation non seulement de tous les hommes valides mais de toute la population pour défendre le pays.

**Lois fondamentales du royaume** : obligations faites au Roi de France : être catholique, préserver le territoire, transmettre le pouvoir au premier mâle de la famille.

**Mandat territorial** : monnaie papier destinée à remplacer les assignats sous le Directoire, il a perdu 95 % de sa valeur en huit mois. En fait, il permit une vaste spéculation.

**Marc d'argent** : le premier projet de cens électoral en 1789 fixait l'égilibilité à un impôt direct d'un marc d'argent soit 51 journées de travail. Le corps électoral était réduit à 50 000 personnes. Il fut abandonné en août 1791.

**Merveilleuses** : équivalent féminin des Incroyables.

**Monarchie absolue** : depuis Louis XIV, le Roi de France gouverne sans premier ministre et sans autre limitation de pouvoir que les lois fondamentales du royaume.

**Monarchiens** : partisans de la monarchie constitutionnelle en 1790.

**Montagnards** : révolutionnaires qui siégeaient à la Législative et à la Convention sur les bancs les plus élevés de l'assemblée. Bourgeois, ils étaient appuyés par le peuple parce qu'ils voulaient en finir avec la monarchie. Leur apogée se situe entre le 2 juin 1793 et le 9 thermidor.

**Muscadins** : nom populaire donné aux Incroyables.

**Néo-jacobinisme** : par imitation du jacobinisme des années 1790-1794, la poussée contre-révolutionnaire donne naissance au néo-jacobinisme en 1799. Partisan des mesures patriotiques et sociales, le néo-jacobinisme ne put vaincre le Directoire.

**Nouveau Tiers** : aux élections de brumaire an IV, seul un tiers des assemblées était libre, le reste étant occupé par les anciens conventionnels qui s'étaient reconduits. Ce nouveau tiers fut, en majorité, composé de royalistes à peine déguisés.

**Panthéonisation** : la constituante décida que l'église située à Sainte-Geneviève serait consacrée aux héros morts pour la Nation ; la panthéonisation fut la mise au Panthéon de ces personnages. Certains (Mirabeau, Marat) connurent ensuite la dépanthéonisation.

**Parlements** : assemblées qui rendaient la justice au nom du Roi. Dépossédés par la monarchie absolue, ils devinrent opposants à celle-ci tout en étant hostiles aux idées nouvelles.

**Physiocrates** : économistes de la fin du XVIIIe siècle, partisans de la priorité donnée à l'agriculture et au libre commerce des grains.

**Plaine** : conventionnels qui n'étaient ni girondins ni Montagnards.

**Réfractaires** : prêtres ayant refusé de prêter serment à la Constitution civile du clergé.

**Républiques sœurs** : à partir de 1795, la République constitue un rideau de républiques pour protéger le territoire national.

**Sans-culottes** : catégorie à la fois politique et sociale qui regroupe les révolutionnaires du peuple. En règle générale, ce sont des petits bourgeois urbains partisans d'une certaine égalité.

**Sections** : en 1790, Paris fut divisé en sections dont les citoyens se réunissaient en assemblées générales. Elles furent supprimées en octobre 1795.

**Servage** : les serfs étaient liés à la terre du seigneur qu'ils ne pouvaient quitter. Le servage fut aboli dans les domaines royaux en 1779 puis, définitivement, en 1789.

**Sociétés populaires** : clubs et sociétés politiques de la Révolution ; elles disparurent sous le Directoire.

**Suffrage censitaire** : à l'opposé du suffrage universel, désigne un suffrage où seuls les plus riches votent, la limite de cette richesse étant variable.

**Terreur** : nom donné à l'ensemble des mesures politiques, militaires et judiciaires entre septembre 1793 et juillet 1794 et qui permirent la victoire de la République sur la Contre-Révolution armée, à l'intérieur comme à l'extérieur.

**Terreur blanche** : représailles contre les révolutionnaires après Thermidor.

**Thermidoriens** : protagonistes de la chute de Robespierre le 9 thermidor.

**Tiers état** : ordre du royaume composé de ceux qui ne sont pas membres du clergé ni de la noblesse.

**Veto** (du latin « veto » je m'oppose) : pouvoir accordé au Roi dans la Constitution de 1791 suspendant des lois qu'il désapprouve. Les partisans du veto se classèrent à droite de l'assemblée, les opposants à gauche, division politique qui perdure de nos jours.

# Bibliographie sélective

Pour une bibliographie actualisée, on se reportera avec profit à celle établie par B. Gainot dans *Historiens et géographes*, n° 384, octobre-novembre 2003.

J. GODECHOT, *La Révolution française, chronologie commentée (1787 – 1799)*, Paris, Perrin, 1988.

J. GODECHOT, *Les institutions de la France sous la Révolution et l'Empire*, PUF, 1951, réédition 1986.

J. JAURÈS, *Histoire socialiste de la Révolution française*, (1901-1904), Paris, Editions sociales, réédition revue et annotée par Albert Soboul, 1973.

G. LEFÈBVRE, *La Révolution française*, PUF, (1930), 7ᵉ édition, 1989.

*Nouvelle histoire de la France contemporaine*, Paris, Le Seuil, collection « Points-Histoire », 1972.

M. VOVELLE, Tome 1, *La chute de la monarchie (1787-1792)*.

M. BOULOISEAU, Tome 2, *La République jacobine, 10 août 1792-9 thermidor an II.*

D. WORONOFF, Tome 3, *La République bourgeoise, de thermidor à brumaire, 1794-1799.*

D. RICHET et F. FURET, *La Révolution française*, Hachette 1986, rééd.

A. SOBOUL (dir.), *Dictionnaire historique de la Révolution française*, PUF, 1989.

M. VOVELLE, *La Révolution française*, A. Colin, Cursus, 1992.

M. VOVELLE (dir.), *L'état de la France pendant la Révolution (1789 – 1799)*, Paris, La Découverte, 1988.

696

Composition PCA – 44400 Rezé
Achevé d'imprimer en France (Ligugé) par Aubin
en août 2009 pour le compte de E.J.L.
87, quai Panhard-et-Levassor, 75013 Paris
EAN 9782290343074
Dépôt légal août 2009
1er dépôt légal dans la collection : avril 2005

*Diffusion France et étranger : Flammarion*